創業3年で
リピート率90％超えの
人気店が教える

ちいさな飲食店のはじめ方

寿司ダイニングすすむ
店主 金井進一

下町書房

はじめに　地域一番のお店は「準備の大切さ」を知っている

手間がかかるわりに、飲食店は儲からない――。

世間でよく言われる定説です。

たしかに、IT企業のようにパソコン1つではじめられて、在庫管理もいらない、24時間いつでもどこでも働けるというような業種ではないので、言いたいことはよくわかります。飲食店をはじめるとなると、仕入れのために朝早くから起きて、仕込みをして、お店の掃除をして……と、やることがたくさんありますからね。

一方で、飲食店をはじめたいという人も、飲食店経営で成功している人も、たくさんいます。いま、こうして本書を手にとってくださったあなたも、飲食店経営に大いに興味があることでしょう。幼いころからの夢、料理が好き、心休まる場所をつくりたい、など理由はさまざまでしょうが、前向きに飲食店というものを検討していることと思います。

つまり、大きくは儲からないと言われている飲食店ですが、飲食を通して多くの人たちに幸せな時間やホッとできる空間を提供できるロマンのある、憧《あこが》れの職業だと私は思うのです。

というのも、お客さんの立場になってイメージしてほしいのですが、家族で外食に行くとか、金曜日の夜にそのまま飲み会に出かけることが決まり、気分が上がったことはありませんか？　子どものころは、「夏休みの宿題が仕上がったら近所のファミレスにハンバーグを食べに行こうね」と親から言われただけで、勉強が頑張れたりしたはずです。私も、そのひとりです。

現在、東京都の下町で寿司屋を経営している立場から見ても、お客さんがそういう気持ちで私のお店に来店され、食事を楽しむことをイベントのように考えてくれているのは、ものすごくうれしいことです。

人の笑顔が見られる最前線に立つ

このように飲食店経営の一番のメリットは、お客さんどうしの楽しそうな会話や笑顔など、その人の感情に直接、触れることができることだと考えています。

私の場合、カウンターの目の前で寿司を握っていると、お客さんが、「大将、おいしいね」と、言ってくださることがあります。プロの寿司職人として、毎回、刺身はこの大きさでいいのか、シャリは固くないかなど、常に考えながら寿司を握っているので、提供した寿司に対して、何らかのリアクションをしてもらえるのは、どんな些細のことでも、とてもうれしいのです。それがほめ言葉でなくてもいいのです。

たとえば、「シャリは、もう少し柔らかいのが好みだなぁ」とか「こんな魚はない？」というように、お客さんとコミュニケーションがとれると、その会話をきっかけにもっと喜んでもらえるようにしよう、と工夫をすることができ、やりがいにもなります。

また、私のお店ではカウンター席とテーブル席とは少し距離がありますが、そこから楽しそうな笑い声が聞こえてくると、リラックスしてもらっているのだなと安心します。

飲食店経営の一番のメリットは、自分が一所懸命つくったものに対して、その場でリアクションをもらえることです。わかりやすく言うと、自分がつくった料理をご家族などがおいしそうに食べてくれたとき、うれしいのではないでしょうか？　それを日常的に体験できるのが、飲食店経営の最大の魅力です。

「おいしい」「楽しい」「儲かる」が揃う飲食店は何が違うのか

ここまで読んでみて、仮に自分が飲食店をはじめた場合、おいしい料理を提供するとか、楽しいお店にするとか、そういったイメージはすでに湧いているのだが、「どうやって人気店にしていくのかが、不安なんだけどなぁ」と思ったはずです。

先ほど飲食店は大きくは儲からないと言いましたが、一方で儲かっている飲食店があるのもたしかです。私のお店も手前味噌《てまえみそ》ながら、葛飾区の高砂というエリアで、多くの常連客に支持されています。

世の中には、おいしくて楽しいお店はたくさんあります。しかし、「おいしくて」「楽しくて」「儲かっている」お店は、そんなに多くありませんが、本書でこれから述べていくことに取り組んでいけば誰でも実現に近づけると思います。

この「儲かる」ということに直結するのが、「準備の質」です。それはお店をはじめる前からの準備であり、毎日の営業をするための準備であり、料理を提供する前の下ごしらえであったり、すべてに通じる考え方です。

本書では、私が地域で愛される寿司屋をどのようにつくったのかという経験をベースに、飲食店経営のノウハウをすべて公開しますが、すべてにおいて「準備」ということがキーワードになっています。頭の片隅に入れておいていただけるとうれしいです。

準備の大切さということで、ここで私の体験談をお話ししましょう。

自分のお店をいざ持とうと思ったときに事業計画書をつくりはじめました。毎日、電卓をたいて、書き直すという繰り返しを経て、ようやくできあがった事業計画書を葛飾区の融資窓口の中小企業診断士に見てもらいました。お金に関することもたくさん書いていたので、緊張しながら反応を見ていると、こう言われました。

「これなら計画の半分の売り上げになっても大丈夫！　合格です」

ホッとするのと同時に、ここまで準備してはじめてお店が開けるのだと感じました。

新型コロナウイルス感染症の流行も落ち着いてきたとはいえ、いまだ影響などもあり、多くの飲食店は苦境に立たされています。しかし、私のお店には、おかげさまで致命傷となるようなダメージはありませんでした。これも振り返れば、10年前に寿司屋をやろうと決め、開店前からあらゆるリスクを想定して、準備をしていたことが功を奏したのだと思います。

寿司職人ですから、もともと準備や仕込みを軽んじているつもりはなかったですが、感染症の流行で客足が大幅に減るなかで、「準備」の重さを改めて知りました。

本書では寿司屋だけではなく、カフェ、洋食屋、居酒屋など、あらゆるお店をはじめるためのノウハウを紹介しています。ちいさな飲食店であれば、そのやり方や考え方は同じです。企業勤めの方も、主婦で経営がよくわからないという方も、安心してお読みいただける内容になっています。

こうしてあなたが飲食店経営に興味を持って、本書を手にとってくださったことがすごくうれしいですし、これからオープンするお店が繁盛店になることを心より願っています。

金井進一

2023年10月吉日

◎目次◎　創業3年でリピート率90％超えの人気店が教える　ちいさな飲食店のはじめ方

はじめに　地域一番のお店は「準備の大切さ」を知っている ―― 3

第1章

「お客さん」から「店主」へ頭を切り替える
街歩きからはじめよう

「店主の思考」で街を歩く ―― 16
自分のやりたいお店を整理する ―― 24

第2章
店主の経営センスを身につける
自分に合った納得できる答えを出そう
「店主としての金銭感覚」をつかむ —— 36
物件・内装・諸経費としてかかる費用を知る —— 43

第3章
飲食店をはじめる前の準備
「自分が得意なこと」「強み」を見つけよう
何が得意なのか、自分の専門性に向き合う —— 56
店名は「わかりやすさ」「覚えやすさ」が大切 —— 63
「寿司ダイニングすすむ」の屋号が決まるまで —— 66

第4章

「ちいさな飲食店」設立の準備

「個人事業主」か「法人」かを決める

「法人」ではなく「個人事業主」としてはじめる ―― 72

個人事業主が必要な書類をしっかり揃える ―― 77

確定申告は「青色申告」で上手に節税する ―― 85

第5章

説得力がある「事業計画書」をつくる

お店のセールスポイントは何か

事業計画書で事業の魅力を棚卸しする ―― 94

事業計画書を書くときのポイント ―― 98

お店の運営費用の概略を知る ―― 110

補足説明の覧で「商売への思い」を書く ―― 123

第6章

確実に事業の資金調達をする

金融機関との上手なつきあい方・選び方

地域に根ざした金融機関を選ぶ 132
自治体の融資制度を活用する 136

第7章

「物件探し」「契約」で失敗しないために

予算とコンセプトを決めて臨む

「ジョーカー物件」には気をつける 148
場の雰囲気に呑まれず、案件は一度持ち帰る 157
物件の契約内容を再確認する 160
失敗例から学ぶ準備することの大切さ 165

第8章

夢だったお店をオープンする

粘り強さが飲食店経営を成功させる

改装工事とレイアウト作成は妥協しない　170
厨房機器はインターネットで安く新品を揃える　176
レイアウトは売上予測をして決める　180
内装工事の依頼をする　188
工務店や内装会社とのつきあい方　190
オープンに向けてメニューを考える　193

おわりに　「ちいさな飲食店」経営を生業《なりわい》にするということ　199

「寿司ダイニングすすむ」10の経営心得

第1章

「お客さん」から「店主」へ頭を切り替える

街歩きからはじめよう

「店主の思考」で街を歩く

ちいさな飲食店をはじめる場合、最初に取り組む課題はどんなことでしょうか。「料理の研究」「内装のイメージづくり」「立地の選定」などが浮かぶと思います。不正解とは言いませんが、どれも少しだけ違います。

もちろん、どれもお店づくりをしていくうえで重要ですが、最初の段階でやるべきことではありません。なぜなら、飲食店をはじめようと思い立ったその瞬間はまだ「お客さん思考」であり、「店主の思考」ではないからです。

簡単に説明すると、あなたが抱く理想の飲食店像はあくまで「お客さんとしての理想」であり、お店を経営する「店主」の考え方ではない可能性が高いからです。「お客さん思考」でいるのは、悪いことではまったくありませんが、店主の考え方を身につけないままお店をはじめてしまうと、行き当たりばったりの経営になってしまいます。

たとえば、人気のある街や繁華街で大きな飲食店をはじめたい、流行りのメニューや商品も提供してみたいなど、お客さん目線で考えても、実際には開業資金や運営にはすべて予算があり、人件費をかけてまで他人を雇えないこともあります。こうした現実的な部分も細かく決めていかなければ、最終的に開業をしていくのはむずかしいのです。

かくいう私も、自分のお店をはじめようと決意したときは、まったくと言っていいほど「店主の思考」とは、かけ離れた考え方をしていました。

当時の私のエピソードを紹介しましょう。自分のお店を開業しようかと胸を躍らせていた開業3年前のことです。私は憧れだけで予算や身の丈《たけ》に合わない世田谷や渋谷、六本木など都心部の物件ばかりを、コンセプトもないまま探し歩きました。

その結果、いくら時間がたっても、何も決まらないのです。お店を開くイメージもわかなければ、お客さんの顔や提供する料理の金額帯まで、はっきりとしないまま、いたずらに時間ばかりが過ぎていきました。結局、最終的に何も前進しないまま、開業にたどり着くことはできませんでした。

その挫折から得たものは、何よりもまず「店主の思考」を身につける大切さでした。憧れを持つことはいいことですが、それが「お客さんとしての憧れ」なのか「店主としての憧れ」なのかはまったく違う話なのです。

私は時間がかかってしまいましたが、そのことがわかったおかげで、いまのお店を開業するきっかけをつかむことができました。ですから、第1章では手を動かしながら4つのワークに取り組み、「店主の思考」を身につける練習をしていきます。

本章を読み終えるころには、飲食店に対してこれまでと違った見え方が自然とできるようになるはずです。ウォーミングアップのつもりで、楽しみながら取り組んでみましょう。

ワーク1 店主のつもりで街を歩こう

目標 **街の特徴をつかむ** 難易度★☆☆☆

飲食店経営に興味を持っている人であれば、どこの街でお店をはじめたいのか考えたことがあるでしょう。そこでワーク1では、実際に気になる街の飲食店の分布図をつくることで、「どういった街の特徴があるのか」「どんな客層か」「どれくらいの価格帯なのか」をイメージではなく、はっきりとしたデータとして理解していきます。

用意するのは、地図とペンです。地図は自分がお店を開きたいと思っているエリアが見えるものであれば大丈夫なので、インターネットなどで検索して用意します。

準備ができたら、実際に地図を片手に街を歩いてみましょう。

本ワークでやっていくことは１つです。自分のはじめたい飲食店の競合や気に入ったお店などがどれくらいあるのか地図上に書き込んでいきましょう。イメージとしては次ページの図表にある通りです。

地図上に、飲食店には◯をつけ、そのほかのオフィスや商業施設などには△で印をつけていきます。場所の確認だけであれば、インターネット上でも確認できますが、本ワークは、実際に街を歩きながら実践します。

なぜなら、インターネット上でも正確な分布図をつくることはできますが、実際に自分の感覚で街を歩いてみないと、わからないことがたくさんあるからです。

たとえば、地図上では立地はよさそうに見えるものの、実際、現地に出かけてみると日当たりが悪く、場の雰囲気が暗いこともありますし、車だと一方通行で入りづらいこともあります。

私もいまのお店を立ち上げるとき、「最高の立地だ！」と思って現地視察に出かけてみたら、イメージと大きく違った経験があります。イメージと現実が大きくかけ離れている

競合店やモデル店をチェックする

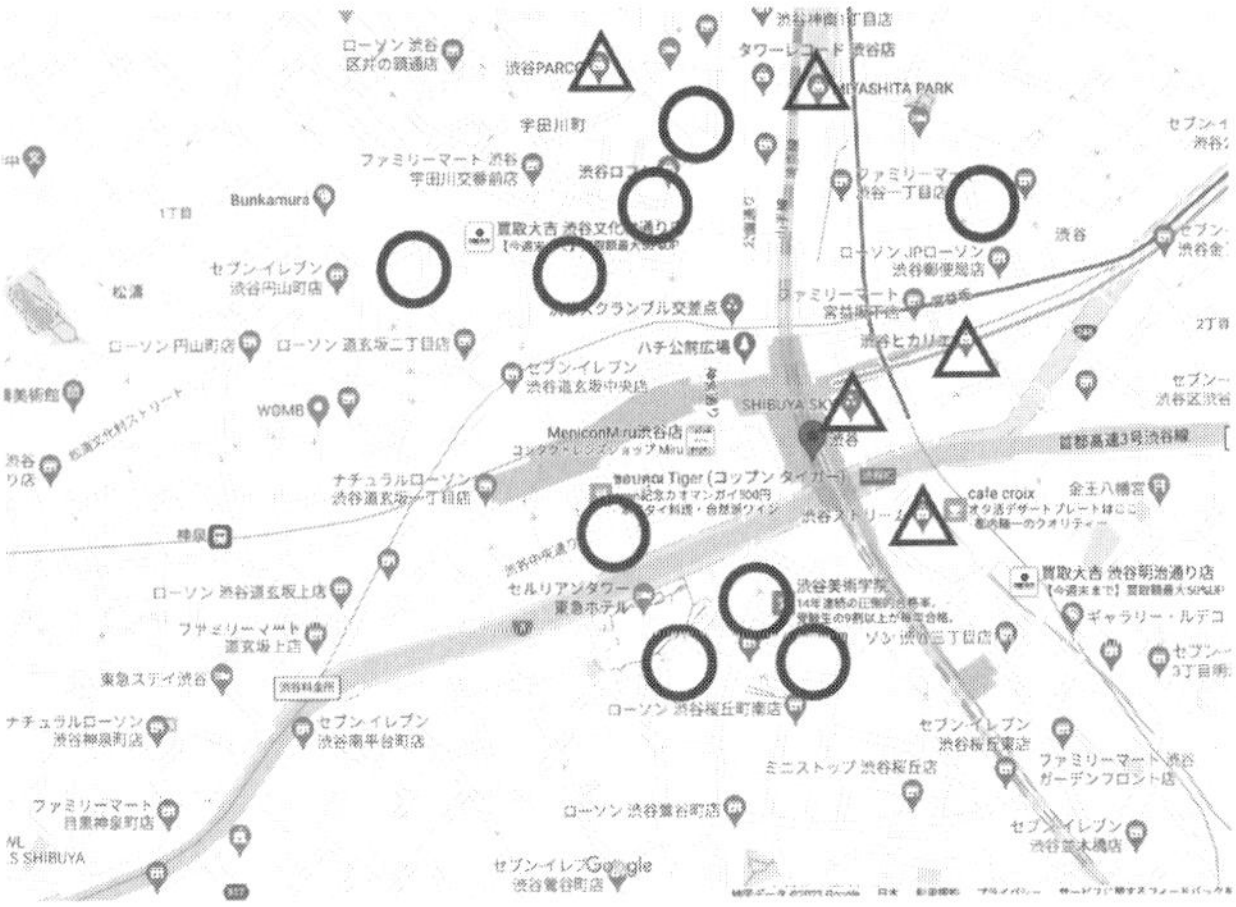

引用元：Google社「Googleマップ、Google Earth」をもとに著者作成

ことは、場所を決めるなかで頻繁に起きます。契約してから後悔しないためにも丁寧に準備をしてきましょう。

また、街を歩くときは同じところを4回に分けて歩くようにしましょう。具体的には、

- **平日午前中〜お昼まで。**
- **平日夕方〜夜まで。**
- **休日午前中〜お昼まで。**
- **休日夕方〜夜まで。**

です。同じところを何回も歩くのは大変ですが、非常に重要です。なぜなら同じ街でも、時間帯が違えば街の雰囲気が変わることはザラにあり、その点を読み間違えると「人

は多いのに、お客さんが少ない」という状態を招きます。

たとえば、昼間ばかりリサーチをしていると、当然その時間帯にはオープンしていない居酒屋の情報は入ってこないですし、休日ばかりリサーチをしていると、平日のお昼に買い物に出かけることの多い主婦層のニーズをつかみ損ねてしまいます。

午前中にリサーチをはじめると、「人気のパン屋」の存在に気がつくこともあれば、夜にリサーチをして「隠れ家的バー」を見つけることもあります。街の生態系は時間帯によって大きく変わるので、最低でも４回に分けてリサーチを行いましょう。地図にメモをする際は、時間帯別に色を分けていくのがおすすめです。

ワーク２　繁盛店になるための「４つの柱」を理解する

目標　**「店主の思考」でお店を分析できるようになる**　難易度★★☆☆☆

ワーク1が広くリサーチをするのに対して、ワーク2は「狭く深く」リサーチをします。自分の足でお店を見てまわったら、そのなかで気になったお店を1店舗だけ決めましょう。自分と同じジャンルのお店でもいいですし、純粋に気になったお店でもかまいません。そのお店にはお客さんとして出かけ、次の点についてじっくりと観察してから、メモしてみましょう。

- **どんなお店か？**
- **主な客層は？**
- **看板メニューは？**
- **自分がオーナーならどこを改善する？**

メモのポイントはなるべく「短い言葉」で表現します。説明が長くなると、どうしても後づけ的な感情表現が多くなってしまうため、お店の魅力は端的に、ワンフレーズで表現するように意識してみましょう。印象に残ったことが複数ある場合は、順番をつけて一番大事だと思うものを記載してください。サンプルも掲載します。

この4つの項目は、

お店の印象をアウトプットする

コンセプト どんなお店か一言で	おしゃれなレトロ風喫茶店
ニーズ 主な客層	昼はシニア層。放課後は学生
オリジナリティ 看板メニュー	オリジナルカフェオレ
アイデア お店の独自性はどこか	厳選したコーヒー豆

- どんなお店か？　↓**コンセプト**
- 主な客層は？　↓**ニーズ**
- 看板メニューは？　↓**オリジナリティ**
- 自分がオーナーならどこを改善する？　↓**アイデア**

に対応しています。

言わずもがな、これらは軸のある飲食店をはじめるうえで重要な要素です。「繁盛するお店」は必ずこの4つが明確であるという、共通点があります。

特に、アイデアの部分はあなたの頭の体操だと思って、楽しみながらしっかりと時間をとって進めてみてください。

自分のやりたいお店を整理する

ワーク3 擬似オーナーとしてシミュレーションをする

目標 安定したお店の「3ステップ」を身につける　難易度 ★★★☆☆

オープン当初は人気だったけど、あっという間に客足が遠のき、閉店してしまうお店は少なくありません。あなたの周りにも気がついたら潰れてしまったお店があるのではないでしょうか。

本書では、爆発的に流行る「打ち上げ花火型のお店」ではなく、ちいさくてもじわじわと地域の人に愛される「マラソン型のお店」を目指していきます。

飲食業界には、定期的にブームが生まれます。近年では、第3次タピオカブームが起こり、専門店が都心部を中心に数多く見られ、時流に乗りマスコミにも多く取り上げられました。まさに、「打ち上げ花火型のお店」です。こうしたケースは、資本がある会社が短期的にしかける作戦であり、ブームが下火になるまでの数年の間に休むことなく一気に投下資本を回収して、ある程度の利益を確保したのちに閉店するというモデルです。

そして、「マラソン型のお店」は、提供する料理や飲み物のジャンルを決めてお客さんに提供し、ファンづくりをしていくモデルです。

また、「打ち上げ花火型」と「マラソン型」にはもう１つ、意識の部分において大きな差があります。それが、「改善する意識」です。

陸上競技にたとえると、短距離走タイプである「打ち上げ花火型」のお店は、時代の流れに応じて、3年、5年というように短期的な視野でお店を運営していることが多く、仮にコンセプトがしっかりしていても、その後、お客さんのニーズに合わせての修正がむずかしく、そこに乖離《かいり》が生まれてしまいます。ただし、短期間で回収できる事業計画プランが立てられています。

一方、長距離走タイプである「マラソン型」のお店は、オープンしたあとの10年後も20年後も商いを続けていくことを意識しながら、お店を運営しています。お客さんのために適宜、お店をマイナーチェンジすることを厭《いと》わない。そんな工夫や努力を惜しまない姿勢で、儲かるお店をつくっていくわけです。

ここで「マラソン型」を目指す私のお店の取り組みについて紹介しましょう。近年、多くの飲食店がその波を受けた「コロナ・ショック」はあなたの記憶にも残っているでしょう。この影響で閉店するお店は相次ぎ、連日経営に苦心するオーナーたちの様子がテレビや新聞で報道されていました。そんな中、私のお店はあまりダメージも受けず、むしろ安定した経営を実現することができました。

なにも「ウチのお店はすごいだろう！」と言いたいわけではありません。この期間に特殊なことをしたわけでもないですし、消毒やアクリルパネル設置に、別途かかった費用もあるので支出は増えていますから。それでも経営が安定していたのは、中長期的な視点で経営を考え、「お客さんのニーズや世の中の状況に合わせてお店をアップデートする」という日々の決断を重ねてきたおかげだと思っています。

たとえば、私のお店で入り口に網戸を設置したことがありました。当時、私のお店では4～7月、9～11月の間など、あまりエアコンを使用しない季節は、玄関扉を少し開けて涼しい風を店内に入れるようにしていましたが、ゴールデンウィーク前後の暖かくも涼しくもある時期のことです。

いつものようにお店の扉を開けて営業をしていたところ、小バエなどの害虫が入ってきてしまうことに気がつきました。

自分でも気になるくらいですから、お客さんはもっと気になるだろうと、思い切って常連さんに聞いてみると「そうなんだよ」との反応でした。当然のことです。とはいえ、ドアを閉め切ってエアコンをつけると店内が寒くなり過ぎてしまうため、得策とは言えません。

そこで、工務店に相談をしてみたところ、お店の入り口に網戸を設置することを提案されました。それであれば、外の風も入れつつ害虫の侵入を防ぐことができます。

１万円の家庭用アルミ網戸と、３万円の木

入り口に網戸を設置

目調網戸がありました。考えていたよりも高額でしたが、お客さんの目にも触れ、店内インテリアの一部となる玄関部分なので、迷わず木目調網戸を取りつけました。結果として、お店の外観も崩れず、快適なお店にすることができました。いまとなれば網戸があることにより、店内換気がしやすく重宝しています。

気になったことがあれば日ごろから最善の方法を見つけ出し、改善していくことを習慣づけていたので、コロナ禍で飲食店に換気が義務づけられたときに、その対応に慌てることも一切ありませんでした。

ちなみに、2020年4月、足踏み式手指のアルコール消毒や丈夫な固定式アクリルパネルを、地域で一番早く取り入れたため、コロナの蔓延《まんえん》で苦しめられた約3年間、お客さんに安心・安全を提供することができました。情報のアンテナを張り変化を見逃さず柔軟に対応する意識を持つと、非常時を乗り切ることができるのです。

前置きが長くなってしまいましたが、この「改善する意識」を身につけていただくのが、ワーク3の目的です。

改善できるお店の考え方は以下の3つのループでできています。

気に入ったお店の「いい点」「改善点」を書き出す

いいと思った点
・落ち着いた雰囲気で居心地がいい
・料金が手ごろ
・接客の質が高い
改善が必要な点
・注文のときに店員がいないことがある
・メニューが見づらく、複雑
・外観からお店だとわからない

1：発見→2：改善→3：検証

気になることを見つけ、改善・修正し、そのやり方で正しいか検証する。そしてまた、気になることがあれば直していく。このシンプルな3ステップを繰り返すことで、変化に強い「しなやかな経営」が可能になります。

以上のことを踏まえて、ワーク3ではワーク2で気に入ったお店をサンプルに改善思考を手に入れていきましょう。

やることは簡単です。気に入ったお店の「いいところ・改善が必要なところ」を書き出していきましょう。こちらもサンプルを掲載します。ポイントは「いいところ」と「改善が必要なところ」の両方を記載することです。

「改善思考」になることは大事です。しかし、同時にそれがお店としての強みを犠牲にしていないか、どこまでが譲れる点なのか検討しながら、いいお店ができるのかを考えられるようにします。

ワーク4 理想のイメージと目標を照らし合わせる

目標 理想とするお店にするための優先順位をつける　**難易度** ★★★★☆

第1章の最後のワークです。ここではワーク3までやってきたことを踏まえて、「理想」と「現実」を照らし合わせます。

ワーク3までを実践してきたので、もうおわかりになるかと思いますが、気に入ったお店や街の雰囲気などを知ると、自分の理想とするお店の姿もより鮮明になってきます。「入り口は広くしよう」「内装は明るい雰囲気に」「小物はこだわる」など、漠然と考えていたお店の解像度がグッと上がったはずです。

しかし、「自分のやりたいお店」と「自分にできるお店」とは違います。やりたいお店に条件はないですが、できるお店には予算や時間などの条件が必ずあります。ここを理解しないと、イメージ通りのお店になったとしてもいずれ無理が出てしまい、息が短いお店になってしまいます。

とはいえ、もちろんあなたが理想とするお店の姿を否定するわけではありません。理想を描くことは大事ですし、夢がなければ飲食店経営は長続きしないためです。大事なのはあくまで、「いまの自分」はどこまでなら、無理なく理想のお店をつくれるのかを知ることです。経営が安定し、お店が成長していけば、そのときに改めてお店をアップデートしていけばいいわけですから。

最初から、無理をするのではなく、自分の理想のなかでもどこからはじめていくのか優先順位をつけていきましょう。ワーク４でも気に入ったお店が、カギを握ります。自分のお店をはじめようと思った際に、そのお店から「取り入れられそうなこと」「むずかしそうなこと」をそれぞれ書き出してみるのです。たとえば、私が駅前の人気カフェにリサーチに行ったとしたら、

・取り入れられそうなことは、丁寧な接客にある。

・**むずかしそうなことは、高い回転率にある。**

となります。丁寧な接客はコストもかからず、すぐに取り入れることができますが、私のお店で言えば、基本的に調理は私ひとりで行うことが多いため、高い回転率を維持するのは、現段階で現実的ではありません。

このようなときは自分が考える、理想とする姿と現実とのギャップを照らし合わせて修正していくのですが、「取り入れられそうなこと」「むずかしそうなこと」は、それぞれ3つが目安です。ここで出てきたことは、「やるべきこと」「やらなくていいこと」として優先度が高いはずです。

お店を立ち上げる過程では、つい楽しくなって「あれもやりたい、これもやりたい」と夢がふくらんでしまいますが、そういったときにこそ冷静になって判断する必要があります。理想と現実を行き来しながら最善の選択ができるように、訓練をしておきましょう。こちらもワークサンプルを掲載します。

こうしたワークに取り組むことにより、「お客さん思考」から「店主の思考」へと徐々

「自分のお店ができること」を明確にする

取り入れられる点
・丁寧な接客
・簡単なメニュー表記
・お店の雰囲気
むずかしそうな点
・低単価
・座席数
・深夜営業

に切り替わっていくのですが、最初は期待と不安が交錯する時期もあるかと思います。冒頭の物件選びのエピソードからもわかる通り、私も不安や失敗だらけのスタートでした。ある程度の安定した給与を捨て借金までして、店をつくるのはいいが、果たして成功するのかと、たびたび不安の波が襲ってきたのです。

しかし、支えてくれる家族や友人、周りの人たちが応援してくれていることに気づいたとき、何としてもやってやるぞ、という熱い気持ちになったことはいまでも忘れることはありません。こうした開店前の準備を1つずつしっかり進めていけば、リスクは確実に減っていきます。

覚悟を決めて開業前の準備に抜けもれがないように集中して取り組んだので、開業してからは目の前の仕事に打ち込むことができました。

まずは、少しでも「自分のやりたいお店」に近づけるように、楽しみながら考えていきましょう。

第2章

店主の経営センスを身につける

自分に合った納得できる答えを出そう

「店主としての金銭感覚」をつかむ

前章では「店主の思考」についてお話ししましたが、第2章ではとても大切な「店主に求められる経営センス」について考えます。

お店を運営するうえで欠かせないことは何だと思いますか。メニューづくり、集客の方法、お店のオペレーションなどあると思いますが、一番大切なことは「金銭感覚」です。これは第1章とも似た部分がありますが、ただの金銭感覚ではなく、「店主としての金銭感覚」です。その象徴的な例が、店舗の物件選びとその契約でしょう。

会社勤めのころ転勤が多かったから物件は借り慣れているという方や、もともと不動産会社で働いていた方などもいるかと思います。

このような場合でも、「物件選びには慣れているから大丈夫」と考えるのは危険です。住居と店舗の物件選びは別物です。お店の根幹となる店舗選びは、何よりも慎重に判断をしていかなければいけません。実際に私の知り合いでも、家探しと同じ感覚でお店の物件を選んでしまい、失敗してしまったというケースを何件も知っています。

都心や繁華街などの物件の多くは、月額賃料の10カ月分を保証金として預けなくてはいけません。知人はアパートを借りる感覚でいたため、敷金・礼金をそれぞれ1カ月分くらいだと勘違いしていました。

契約日に、重要事項説明を聞いているときに物件取得総額に青ざめ、その場でキャンセルしました。もちろん、賃料から坪数、保証金や条件などの細かい情報は書類に書かれていたにもかかわらず、勉強不足のため「保証金」という言葉を理解していなかったのです。

このように理解しないまま物件を決めてしまうと、取り返しのつかない失敗につながってしまいます。ですから第2章では物件選びを通して一緒に「店主としての金銭感覚」を身につけていきましょう。不動産にくわしい方でも、再確認するつもりで油断せずに読んでみてください。

もちろん、物件選びにくわしくないという方でも、私の経験をまじえながら解説をするので安心して読み進めてください。本章も第1章と同じワーク形式ですので、１つずつシミュレーションをしながら進めていきましょう。

ワーク5 店舗専用サイトで「感覚をつかむ」

目標 物件の市場と相場を把握する　難易度★☆☆☆☆

あなたは、自身の住居を選ぶときにどうやって情報を集めましたか。おそらくほとんどの方が、住宅情報サイトを見たのではないでしょうか。

店舗物件を借りるときも基本的に考え方は同じなのですが、使うサイトが違います。この情報はかなり初歩的なのですが、意外と知っている人が少なく、不動産会社にいきなり出かけてしまう方がいるのも、また事実です。こうした行動をとることは、ファーストステップとしては、最悪と言わざるを得ません。

そこでワーク5では、最初にどのように「店主として」情報収集をしていくべきなのかを見ていきます。「すでに不動産屋に行ってしまった」という方でも大丈夫です。まだまだリカバリーは可能なので、安心してください。

ワーク5では店舗の専用サイトを見ながら店舗の物件がどのようになっているのか知るところからはじめます。

店舗物件サイトは多くありますが、主なものは次の2つでしょう。

・居抜き店舗ドットコム（東京23区、神奈川、千葉、埼玉だけ）
・飲食店ドットコム（全国）

「居抜き店舗ドットコム」という名称になっていることからわかるように、店舗物件には「居抜き」と呼ばれるものがあります。居抜きとは、キッチンやカウンターなどの設備や什器備品などがついたままで、売買または賃貸借されることです。また、居抜きの反対で「スケルトン」（くわしくは第8章で説明）と呼ばれる、厨房機器や什器などが何もないスペースだけの物件があります。

つまり、物件を探すときには希望する物件が居抜きなのか、スケルトンなのか、確認しながら進める必要があります。仮に値段も安く築浅《ちくあさ》の物件があったとしても、それがスケルトンの場合、キッチンやカウンターの内装費が大幅にかかるため思っていたよりも金額がかかってしまうことがあります。

まずは、希望する場所にある物件が居抜きとスケルトンのどちらが多いのか、何となくでいいので見てみましょう。どちらかではないとダメということはありませんが、その街に多く出ている物件の傾向を知っておくことで、理想とする物件にすぐに巡り合えないとしても、焦らなくなります。

その詳細は確認しておかなくていいので、可能であれば30件ほど物件を確認し、希望する街の居抜きとスケルトンの比率を確認しましょう（30件に満たない場合は、最大値で大丈夫です）。私の経験を言えば、スケルトンが35％、居抜きが65％ぐらいの割合で物件が出ているように思います。

こうしたインターネットで事前に行う情報収集は、物件探しに必要な知識が増すとともに、時間の節約にもつながりますので、積極的に活用していきましょう。ここで情報収集の際に最低限必要な不動産用語を紹介します。

- 造作譲渡料＝以前の借主が使用していた什器などを引き継ぐ場合に支払う料金。
- 共益費と管理費＝商業テナントなどの場合に支払うもの。家賃に上乗せして考えなくてはいけないので要注意。
- 更新料＝通常3年に一度の契約更新時に月額賃料の1・5カ月分を支払う。

- 重飲食《じゅう》＝ラーメン、中華料理、焼肉、焼き鳥など、油などを含んだ煙で建物が傷みやすかったり、ダクトからにおいや煙が出やすい業種。
- 軽飲食《けい》＝カフェのように重飲食と比較すると、そこまでにおいや煙が出にくい業種
- 坪数＝畳約２枚分の面積。間口×奥行き＝坪数。

ワーク６　自分の足で「感覚を磨く」

目標　自分の感覚は現実と合っているのか確かめる　難易度 ★★☆☆☆

ワーク５で実践したように、お店をはじめたい場所の情報を集め終えたら、その感覚をもとに、実際に街を歩いてみましょう。もしかすると、インターネットには載っていない掘り出し物件があるかもしれません。このときに一番大事なのは、手に入れた情報を持って現場を見にいくことです。お店をはじめるイメージが湧くのかを確認するための作業です。

街歩きで求めている物件と出合えれば、これがまさしく「掘り出し物件」でしょう。こ

気に入った物件の印象をメモする

よかった点・気になった点など
カウンターと客席の距離がちょうどいい
道路からお店が見やすいところにある
テーブル席とカウンター席の配分がちょうどいい
店内に死角がないため、注文などで待たせる必要がない
外から店内の雰囲気が見えづらいため入りにくい
住宅街のなかでお客さんを選びそう
夜は人通りが少ない場所
厨房は狭そうで、工夫が必要な印象

の精度を上げるには、インターネット検索（デジタル）と、自分の足（アナログ）のハイブリッドで探すことが理想的です。このときも、「これはいい」と思ったことや気になったことなどがあれば、思いつくままメモをとっておくと、あとで頭の整理ができます。

加えて、いくつか営業中の飲食店に入店し、そこが「スケルトン」なのか「居抜き」なのかも考えてみながら、自分がこのお店の後に飲食店をはじめるならどうだろうかと考えることは、「店主感覚」を磨くうえで最適です。「客席スペースはちょうどいい感じ」「カウンターの位置が気になる」など、シミュレーションをしながら見ていくと、着実に「店舗選びの力」がついていくでしょう。

物件・内装・諸経費としてかかる費用を知る

ワーク7　不動産屋に惑わされない基準を知る

目標　「いい・悪い」を自分で判断できるようになる　難易度★★★★★

インターネットや自分の足を使って物件に対して、何となく感覚をつかんだら、不動産屋に相談するわけですが、それでも自分なりの確かな軸がないと惑わされてしまうことも少なくありません。

そうならないように、どこまでなら相手の話を許容できるのか、ボーダーラインを決めておく必要があります。当然、求める条件をすべて満たす物件が出てくることは、ほぼありません。私が思う「店舗物件選び」の条件チェック表があるので、ここで紹介します。まずは、私がそのポイントを埋めたものを45ページに掲載します。

いかがでしょうか。かなり細かいと感じるのではないでしょうか。私もこの図表を確立するまでに、それなりの時間を使いました。特に築年数や坪数に関しては、飲食店独特の感覚が必要でした。インターネットを見ながらで大丈夫ですので、あなたも気になる物件について、図表にある項目を埋めてみましょう。物件の「いい・悪い」は、図表を参考にしていただければ大丈夫です。

最後に、ざっくりでいいので、希望物件を借りる際に必要な金額（物件取得総額）はいくらだったかもメモをしておきましょう。金額が予算に比べてカツカツだと無理が生じるので、候補からは除外します。

調べてみると、思ったよりも数多い空き物件が存在していますが、求める条件や予算内に収まる物件はそう簡単には見つからないものです。時間がかかるものだと覚悟して、粘り強く探索していきましょう。

次に、開業資金には、「物件取得費用」と、内装工事などを含む「設備投資」がありま す。物件取得費用の目安としては、月額家賃の5～14カ月分です。その内訳は、

- 当月家賃（1カ月分）が必要。
- 前家賃（日割計算）を用意。

「店舗物件選び」チェック表

インターネットリサーチをしながらチェックするポイント	
築年数	建物構造がしっかりしていれば築40年前後の木造でも問題なし。築50年以上は避けるべし
家賃	ちいさな飲食店として坪単価15,000円までを目安に
契約にかかる費用	なるべく保証料（家賃の10カ月分）不要の物件を選ぶ。住宅街は賃借住宅と同様に敷金・礼金のみが多い
条件	重飲食／軽飲食の条件をまず確認。次に家賃、サイズ、物件取得総額を算出して予算内か確認
居抜き・スケルトン	物件取得総額＋内装工事費を算出して見合うほうを選択する。予算優先
駅からの距離（近隣状況）	最初から駅から遠い隠れ家は避ける。駅から徒歩５分以内が理想だが予算優先
更新料	月額賃料の１～1.5カ月分が一般的な目安
建物・階数	路面店がベスト。2階以上だと子連れ客の激減や視認性が極端に落ちるので避けるべし。地下店舗も同様
構造	家賃が予算内であれば、建物の構造は特に問題なし
契約期間	通常の定期借家契約は３年
取引形態	「大家」でない場合は要確認
不動産会社	個別で不動産会社のクチコミを検索すること。完璧な会社はないが、自分に合うところを
坪数	客席は坪数×1.5なので、18席が上限ならば12坪まで。自分を含めた運営人数から算出される無理のない席数を計算し、上限坪数を逆算

- 保証金、または敷金（2～10カ月分）が必要。
- 礼金（1～2カ月分）を用意。
- 仲介手数料（1カ月分）が目安。

となります。一番ウエイトを占める保証金が不要な物件のほうが、初期投資が少なくすむのは一目瞭然です。くわしくは第7章で述べますが、契約前に月額家賃の値引き相談も大切な交渉であり、物件取得費用を抑えるメリットにもつながります。

ワーク8 意外と費用がかかる内装費の感覚をつかむ

目標 内装費の内訳把握とその相場感覚を知る　難易度 ★★★☆☆

物件選びに加えて、かなり重要度が高いのが、冷蔵庫などの什器を含む内装費のコントロールです。物件選びは慎重になる人も多いのですが、内装費は意外と軽視されがちです。そんなこともあり、あとになってから、「思ったよりもお金がかかってしまった」というパターンも少なくありません。

同時に、自分の思い描く世界観を内装で表現する場合、思ったよりもお金がかかることがよくあるので、この段階で相場を知っておくことは非常に重要です。そもそもの前提として、内装費に含まれる什器には2種類あります。購入かリースかです。「頻繁に使うものだし購入するか」と、どんぶり勘定してしまうのは当然NGです。購入とリースのメリット・デメリットは、次のように整理できます。

購入

- メリット↓追加の費用がかからない。
- デメリット↓初期投資がかかる。故障・破損の際にすぐに新しいものを購入しなければならない。

リース

- メリット↓購入よりはるかに初期投資が抑えられる。リース期間中は保守サービスが含まれる場合がある。

- デメリット↓リース手数料負担がある。連帯保証人が必要な場合もある。購入よりも総支払額が割高になる。

などがあります。ここからわかる通り、購入とリースのどちらがいいのかということは一切ありません。大事なのは事業計画に沿った予算配分をもとに、いかに最適解を導き出せるかです。

そこで初期投資を抑えたい人におすすめなのが、購入とリースのハイブリッド型です。一般的に内装や営業に最低限必要なものをリストにしました。お店の大きさは12坪、18席として算出しています。これらのものを購入とリースとで比較すると、「物件選び」のチェックポイントの図表になります。

一般的なリースは6年間であることが多く、総合的な金額をみれば、購入のほうがお得です。限られた予算のなかで初期投資を抑えるならば、高額な厨房機器のみリース契約する手もあります。こうすることで、数十万円～100万円近い現金を運転資金や内部留保として温存できます。あなたの事業計画にふさわしい選択をしましょう。

なお私の場合は、すべての厨房機器を購入しました。知人の飲食店経営者は逆に、すべ

厨房機器が「購入」か「リース」かのポイント

	購入	リース月額（レンタル）	リースは何年で購入と同じになるか
シンク	100,000円	4,000円	2年
製氷機（25kg）	120,000円	2,000円	5年
ガスコンロ	17,000円		
鍋 フライパン	20,000円		
カトラリー 皿	150,000円		
作業台（2台）	65,000円	3,500円	1.6年
客席の椅子 机	230,000円	4,500~10,000円	2.1年
冷蔵庫（4ドアタイプ）	1,278,000円	7,200円	14.7年
空調（3馬力×1台）	1,035,000円	9,000円	9.5年
合計	3,015,000円	26,700円	

てをリースでスタートさせました。リース期間中であれば機材トラブルなどがあった場合、軽微な部品交換やメンテナンスなどが月額リース料金に含まれているので、ここは安心できるようです。

テーブルや椅子にこだわりたいのであれば、理想をかなえていくためにいくら必要なのか現実とのすり合わせを行いながら感覚をつかんでいきましょう。内装にこだわりすぎたあまり費用負担が大きくなり、失敗してしまうケースも頻繁にあります。スモールスタートとし、経営が安定化していくのと同時に買い足し・交換していくのが一番のおすすめです。

ワーク9 営業開始に必要な諸費用を知る

目標 **細かい経費を理解する** 難易度 ★☆☆☆

ワーク9は非常に簡単です。物件、内装に加えて、飲食店を経営するために必要な諸経

開業に必要な「諸経費」の目安

手続き	手続き先	費用
営業許可 申請手数料	開業地の保健所	18,300円
食品衛生 責任者講習会	開業地の食品衛生協会	12,000円
不動産契約	不動産業者	480,000~ 600,000円
労災保険・ 労働保険	最寄りの 労働基準監督署	10,000~ 13,000円 （年額）
食品営業 賠償共済	開業地の食品衛生協会	8,500円 （月額）
レンタル おしぼり	おしぼりレンタル会社	8,000~ 10,000円 （月額）
税理士費用	税理士事務所	10,000円~ （月額）
青色申告会	最寄りの青色申告会	2,000円 （月額）
事業ゴミ 回収費用	自治体 （有料ゴミ処理券購入の場合）	3,000円 （月額）
事業ゴミ 回収費用	事業ゴミ回収 専門会社	6,600円 （月額）
害虫駆除装置 レンタル	害虫駆除装置会社	5,940円 （月額）
音響設備	音響設備会社	4,400円 （月額）

費について確認をします。むずかしい部分は一切ありませんが、内装費と同じで、気がついたら結構な金額になっていることもあるので、いまのうちにチェックしておきましょう。

お店の業態によって多少の違いはあると思いますが、私が用意した諸経費の目安一覧を掲載します（51ページ）。こちらを参考に諸経費を調べてみましょう。営業許可をはじめとする細かい内容については別の章でしっかりと解説をするので、まずはそういった項目と、金額をつかんでいただければ大丈夫です。

ワーク10 開業に必要なお金の全体感を知る

目標 経営リスクに敏感になる　**難易度** ★★☆☆☆

最後のワークでは、これまで一緒にみてきた「物件」「内装」「諸経費」について必要な金額を計算してみましょう。3つの合計金額が、あなたが開業するときに最低限かかる費用です。もちろん人件費もかかることもあれば、当然のように材料費なども乗ってきま

開業資金の総額を把握する

必要なお金をすべてまとめてみよう	
物件	480,000円
店舗設備	2,500,000円
内装工事	6,500,000円
手続き諸費用	100,000円（参考）
生活費	500,000円（３ヵ月分が目安）
プール金	500,000〜1,000,000円
合計	10,580,000〜11,080,000円

→開業資金がわかる。事業計画書がつくれるようになる

す。最初は金額の大きさに驚かれるかもしれませんが、その「感覚をつかむ」ことが大事です。

　冒頭でもお伝えした通り、「店主の思考」を身につけていくうえでは、リスクに敏感になることが何よりも求められます。つまらない言い方になってしまいますが、「危ない橋は基本的に渡らない。渡るとすれば、大丈夫な計算ができたとき」というのが大原則です。そうしないと、お金のことで頭がいっぱいになってしまい、夢であった自分のお店を持つこと自体に苦しみます。

　さて、飲食店経営のどこに、どれくらいお金がかかるかを知っていただきましたが、この感覚がつかめれば、どこの金額を調整すれ

ばいいのかもわかってきます。

　こうして何度も計算を繰り返し、納得のいく答えを出すのが、「店主の最初の仕事」と言えるでしょう。何度も繰り返しますが、「まぁ、いっか」「何とかなるか」でお金を使うのは厳禁です。

　第2章の最後に、「開業資金」として必要な金額を項目ごとに書き込んでみましょう。生活費や何かあったときのためにプールしておく金額も書き込んでおくと、より、その解像度が上がります。ちなみにプール金の目安は、毎月の生活費の6カ月分です。食費などを含む生活費、住宅ローン返済、各種保険支払いなど、毎月必ず出ていく家庭の支出も再度、把握しておきましょう。

　この金額表は開業資金の把握と同時に、そのまま事業計画書でも使えるので、人によってはコピーをして何度も計算するのもおすすめです。

第3章

飲食店をはじめる前の準備

「自分が得意なこと」「強み」を見つけよう

何が得意なのか、自分の専門性に向き合う

第3章では、周りに誇れる「オンリーワンのお店をつくる」には、どうしたらいいのかについて、ともに考えましょう。そのためにまず、仕事や趣味を通して得意であると思えること、楽しいことは何かを明らかにしてください。

たとえば、あなたが営業職に長年、携わってきた経験もあり、分け隔てなく誰とでも気軽に話ができて、話題も豊富である。あるいは、凝り性で手先が器用ならば、プラモデルづくりのような小さなパーツを組み立てていく時間が、最も充実していてワクワクしているのかもしれません。

新たに飲食店をオープンするのであれば、日ごろから自分が得意だったり、楽しいと思えることをお店づくりに活かしていきたいものですが、具体的にどんな方法があるのでしょうか。

いくつかお店を挙げながら紹介していきます。

•釣った魚を持ち込めて捌《さば》いてもらえる、酒と共に楽しめる専門店。
（例）日本橋（中央区）――釣宿酒場マヅメ
•できたてのクラフトビールが味わえる醸造所併設ビール専門店。
（例）堀切（葛飾区）――きちブルーイング
•鳥取県のこだわりの銘柄鶏、大山鶏のみを扱う焼き鶏専門店。
（例）日本橋（中央区）――晴れ家
•ビールの注ぎ方にこだわる角打ち（立ち飲み）生ビール専門店。
（例）広島市――ビールスタンド重富
•本格製法のレモンサワーが揃うレモンサワー専門店。
（例）赤坂（港区）――瀬戸内レモンサワー専門店go-go
•寿司屋のようなカウンターに豊富な具材が並ぶおにぎり専門店。
（例）浅草（台東区）――おにぎり浅草宿六

専門店に共通する点は、専門とする食材選びや提供するサービスのクオリティに特徴があることです。あなたの個性や好きなことを活かせば、専門性の高い独自の店づくりを目

「やりたいこと」「やりたくないこと」を書き出す

やりたいこと 得意なこと	やりたくないこと 得意でないこと
家族で安心して 食事できる空間	回転率重視の 居酒屋
外国語対応	常連さんだけが 来るお店
こだわりのお酒	深夜まで営業

指すことも可能です。

私もお店づくりをするうえで、寿司屋として「ネタが新鮮」「おいしい」という味の魅力だけではなく、カウンター越しに、アットホームな会話もできるオンリーワンのお店を目指しています。

あなたも、お店づくりを考えるときには、図表に示したように、「やりたいこと、得意なこと」「やりたくないこと、得意でないこと」の両面から自分自身のことを棚卸ししてみてください。

このプロセスを経ることで、やりたいお店のスタイルがだんだん明確になってきます。また、「これならできそう」という自信も生まれてきます。

仕事を続けながらできる準備は進めよう

起業すると決めてから実際にお店が開業できるまでの準備には、半年から1年はかかる前提で取り組みましょう。そのときに、よほどの蓄えがある場合を除き、いまの仕事で収入を得ながら、起業準備を進めていくのがおすすめです。

仕事を辞めて、物件探しや開業に向けた準備に集中する選択肢もあるでしょう。もちろん、お店づくりに集中するという選択は、時間管理がしやすいですし、物件探しに力を注ぐことができるというメリットがあります。一方で、収入源が途絶えるデメリットもあります。生活費や光熱費などの毎月の支払いなどは待ったなしなので、十分な蓄えがないのであれば、精神的な負担を減らすためにも働きながら物件探しをするほうが現実的です。

起業しようとするときに、貯蓄が目減りしていく不安感は、「早くお店をオープンさせなければ」という焦りにもつながります。これは精神衛生上も、いい状況とは言えません。「多少、物件の契約条件が悪くてもしかたがない」という弱気にもつながっていくためです。その結果、契約書に印を押してしまうということにでもなれば、本末転倒です。

「うまくいく」という自信をキープし、気持ちの余裕を持つためにも、本書で提案する仕

「新店のイメージ」を明確にする

1	業種と専門性	カレー屋
2	お店の名前となる屋号	下町カレー
3	立地選び	商店街
4	お店のサイズと席数	9坪12席
5	提供する料理の価格	一般客は600円 学生は500円
6	売上目標	50万円（1カ月の手取り）
7	営業時間	11時～14時・17時～22時
8	技術の体得	独学が可能

事を続けながら一歩ずつ準備を進めていきましょう。

では、起業準備は何からはじめたらいいのでしょうか。

まずは、頭の中を整理します。自分の思いや考えを短い文章にして、図表『新店のイメージ』を明確にする」のように、「紙に書き出す作業（スマートフォンのメモ機能でも可）をします。

たとえば、次の8つの項目を押えるだけでも、漠然と考えていることが、一気に具体性を帯び、明確になっていきます。1つずつ思い浮かぶ答えを書き込んでみましょう。

①業種と専門性――居酒屋、寿司屋、カフ

ェ、ラーメン屋など何を売りにする専門店か。

②**店の名前となる屋号**――居酒屋○○、○○寿司、Ｂａｒ○○、ラーメン○○、ダイニング○○など、どのようなお店の名前にするのか。

③**立地選び**――商店街・オフィス街・裏路地の隠れ家・自宅の一部・ロードサイドなど、どの場所で営業するのか。

④**店のサイズと席数**――1人でやるなら10坪未満で12席ほど、アルバイトと2人なら12坪未満で18席など。流行りの狭小物件で立ち飲みスタイルも考えられるのか。

⑤**提供する料理の価格**――住民、ビジネスパーソン、家族連れなど、どの客層を中心にするのか。

⑥**売上目標**――お店をはじめたあとに、店主として手取りはいくらほしいのか。

⑦**営業時間**――ランチと夜の両方やるのか、夜だけか。

⑧**技術の体得**――調理専門学校やアルバイト先での実地経験か。YouTubeなどで独学が可能か。

書き出してみると、意外に決めることがたくさんあることに気づきます。同時に、自分がやりたいことも、可視化されたのではないでしょうか。

それでもまだ、キーワードやアイデアがなかなか出てこないのであれば、インターネットで情報収集をしてみましょう。そこから自分の理想に近いお店を選んで食べ歩きをして、メニューや値段、店内の様子などを観察し、8つの項目を埋めていく方法もあります。

食べ歩きのいい点は、「ここを真似してみようか」という気持ちになったり、「もし、自分がお店のオーナーだったら、ここを変えてみよう」と考えられるようになることです。目指すスタイルを見つけ出すためにも、迷ったら行動してみましょう。また、知り合いに飲食店の経営者がいれば、相談する手もあります。寿司屋で言えば、

- 居酒屋風の寿司屋なのか。
- マグロなど特定のネタに特化した寿司屋なのか。
- 出前専門にする寿司屋なのか。

などがあります。このようにあなたが気になるお店を参考にしながら、オンリーワンの店づくりをしてみましょう。

店名は「わかりやすさ」「覚えやすさ」が大切

次に、お店のオープン準備と平行して屋号（店名）も決めます。屋号とは、長いつきあいになります。ですから、どのような名前をつけるのか悩んでみるのも、決してムダな時間ではありません。しっかりと考えましょう。私も開業までの準備のなかでなかなか名前が決まらず、ずいぶんと時間をかけましたが、そのおかげで、いい店名にできたと満足しています。

ところで、私の場合、店名の「寿司ダイニングすすむ」という名前を決めるときに参考にしたのが、「料理（あるいは、飲みもの）」を具体的に表記する「喫茶○○」「居酒屋○○」「定食○○」「○○寿司」「中華料理○○」「天ぷら○○」という、提供する料理が一目でわかる表記方法でした。

「カフェで一休みしたい」「お寿司を食べたい」というように、外食する目的がはっきりしている場合、店名に「カフェ」「寿司」という文字が入っていれば、お客さんがどのお店にするのかを選びやすいからです。このような理由から私のお店でも「寿司」はすぐに決まりました。

意外に悩んだのが、店名に寿司とは異なるジャンルの料理も扱うことをどう表現させるのか、ということでした。いずれ新鮮な魚をふんだんに使った海鮮ラーメンを提供しようと思っているのですが、結果的に、「寿司」に食堂という意味の「ダイニング」を加えて表記することで、その悩みもすっきり解決できました。

また、お店の姿勢や特徴を表現する「〇〇」部分については、2つの要素を満たす言葉を選びました。1つめが、誰もが覚えやすく、呼びやすい名前にすることでした。家族で気軽に利用できる寿司屋にしたいという思いから、小学生でもお店の名前を読めるようにしたのです。

2つめが、「金井進一」という私の本名の要素を店名に入れることでした。「進一」の「進（しん）」の一文字をとり、「すすむ」とつけることにしたのは、この漢字には、「前進する」「進展する」という前向きな意味があったためです。「常にお客さんを第一に考え、喜んでいただけるように果敢に挑む」という意味も込めたつもりです。お店をオープンして約10年になりますが、とても気に入っています。

私のケースについて説明しましたが、もし、あなたがおしゃれなフランス料理やイタリア料理のレストラン、あるいは、カフェをオープンしたいのならば、イタリア語、フランス語、英語などを店名に取り入れたいと、考えているのかもしれません。想いを大切にすることには大賛成ですが、1つだけ気をつけたいことがあります。高級レストランの名前をそのままモデルにしないことです。

高級レストランは、お客さんがシェフの料理人としての経歴に信頼を寄せていたり、すでにシェフがつくる料理そのもののファン（たとえば、有名レストランでシェフを務めていたケース）であることが多く、傍目《はため》でみているだけではわからないのですが、すでにコアな固定客がついています。

シェフが海外で修行をしていた経験がある場合、舌の肥えたグルメな旅行客などを意識して店名を考えていることも考えられます。

つまり、あなたが開こうとするカフェや寿司屋などの飲食店とは、そもそもお店を開く動機づけ、中心とする客層、設定しようとする料理の価格などが異なることは、知っておきましょう。

イタリア語やフランス語などを店名に入れると決めた場合は、店名の読み方をカタカナなどで書き加えるなどのひと工夫を加えるようにします。予約を入れようと思い、店のホームページを検索したものの、その読み方がわからないために名前がヒットせず、お客さんが連絡をとるのを諦めてしまえば、店側にとってチャンスロスになりかねないためです。

地元のお客さんを中心に考えているお店であれば、店名は「読みやすく」「覚えやすく」「親しみやすく」「扱うメイン料理がわかりやすい」という点を踏まえて名前をつけることが、基本となります。一度決めた屋号を変更することは、手続きや馴染みのお客さんへ案内をする手間を考えると現実的ではないからです。

「寿司ダイニングすすむ」の屋号が決まるまで

店名をつけるときの注意点について紹介しましたが、名前を決めるまでの過程をもう少し細かく紹介すると、

①思いつく店名を紙に書き出す。

②一番しっくり来る候補を3つに絞る。
③知人や家族の意見を聞く。
④同じ屋号が存在しないかインターネットで検索する。

のステップを踏むのがよいでしょう。①~③は取り組んでいるケースが多いのですが、見落としがちなのが、④の「同じ屋号が存在しないかインターネットで検索する」です。近隣に似たような屋号があれば、お客さんが勘違い、混乱するもとです。

ところで、私の店のメイン看板「寿司ダイニングすすむ」の袖には、大きく「すすむ」と記した小さな袖看板も据えています（次ページ写真参照）。夜になると、街灯の役割も果たしています。

2つの看板をつけることは、はじめから決めていたのですが、近所の商店街の店主さんやお客さんからは「すすむさん」と親しみを込めて呼んでもらえるまでになりました。

また、日常生活でも本名の「金井さん」ではなく、「すすむさん」と呼ばれることのほうが多くなってきているのは、地元の人たちから受け入れてもらえたのだと感じています。寿司屋の店主である自覚も常に忘れることはありませんし、寿司職人としての誇りも

「寿司ダイニングすすむ」の看板

深まってきています。

あなたも屋号とは長いつきあいになることでしょう。地域に溶け込むブランドとなっていくことは、起業する冥利《みょうり》につきますし、うれしいことです。ぜひ、大いに悩み、大いに楽しみながら、家族や友人などにも相談しながら決めてください。

第4章

「ちいさな飲食店」設立の準備

「個人事業主」か「法人」かを決める

「法人」ではなく「個人事業主」としてはじめる

飲食店をはじめたいという方から相談されたときに私は、「個人事業主としてはじめてみてはどうでしょうか」と、アドバイスすることにしています。ちいさな飲食店のスタート時は、法人化よりもメリットがあると考えるからです。メリットですが、

①会社設立で必要な設立登記費用が、個人事業主は不要。設立費用が抑えられる。
②高額な費用と手間がかかる会社設立と比べて、個人事業主は開業届の提出だけでよい。
③確定申告（3月）も、シンプルな書類提出ですむ。

です。とはいえ、「法人のほうが社会的信用を得やすいし、いずれ法人化するのなら、最初から登記すれば、あとあとの手続きがラクだろう」と思われるかもしれません。しかし、商店街など、街なかのちいさな飲食店であれば、お客さんは個人によって運営されているお店なのか、会社が運営しているお店なのかは、まったく気にしていないものです。

金融機関も同じで、これから新たに取引する相手が、「個人事業主か、法人なのか」は、口座を開いたり、融資をするときの判断基準にはしていません。個人か法人かで悩むことはないと考えておいて大丈夫です。では、これらは、何が異なるのか。

①で示したように、最初から法人としてはじめた場合に、法人設立登記費用として25～30万円かかります。加えてお店が赤字でも、東京都の場合は、年間7万円の法人住民税均等割が課税されます。さらに、決算書作成や決算月には税理士が欠かせないので、年間50万円ほどの維持費もかかります。こうした面からも、お店は個人事業主としてはじめて、手応えを感じてから法人化するのでも十分です。

私が寿司屋を開店したときのお話をすると、初期費用を少しでも抑えたかったので個人事業主としてはじめました。スタッフも人件費の高い寿司職人ではなく、パート従業員2人と学生アルバイトを雇用しました。寿司職人は、寿司屋にとって「大事な看板」です。であれば、数人はプロを雇うことを考えるのでしょうが、私のお店は、葛飾区高砂という住宅地の（駅前）商店街にあること、12坪のちいさなお店であること、まずはちいさくはじめたいこと、などを前提にしていました。「寿司ダイニングすすむ」のこうした特徴を考えると、寿司職人は私ひとりで十分だと考えたのです。

どうしてこのような選択をしたのかと言えば、父が46年に渡り寿司屋を経営してきたため、子どものころからその姿をいつも身近なものとして見てきたからです。一時期、お店には寿司職人が6人ほどいましたが、人件費も安く景気のいい時代だったからで、バブルがはじけて客足が減ってからは、寿司職人を減らさざるを得ないときもありました。

それもあって、はじめから自分のお店は多店舗展開することを考えてはいませんでした。それよりも「徒歩圏内で旬の魚介がリーズナブルに楽しめる寿司屋」として、地元の人たちから気軽に利用してもらいたいという思いのほうが強く、高砂の1店舗のみで続けていくことにしたのです。いまも、法人化することは考えていません。

では、最初から法人化したらいいケースは？　と言えば、個人ではじめる飲食業ではなく製造業など大企業をメインの取引にする業種でしょう。なぜならば個人事業主は、法人格と比べて低資本とみなされ、社会的信用も低いので取引上は、とても不利だからです。

しかし、ちいさな飲食店を開業してから数年後に法人化を検討しているとしたら、「個人事業主でスタート」→「徐々に売り上げを上げる」→「2年間の消費税納税義務免除を活用」→「3年目から法人化」して、その年も消費税納税義務免除の特典を受ける――のが、無理なく資金の準備や金融機関との関係もできあがっているのでおすすめです。

消費税と必要経費を理解する

消費税納税義務免除とは何かですが、小規模事業者の事務負担を軽減するために国が法律で定めている制度です。開業１、２年目や前々年課税売上高が、１０００万円以下の事業者が受けられる措置です。

ちいさな飲食店で年間の売り上げが１０００万円以下ならば、お客さんから「預かっている」消費税を国に納める必要はありません。その代わり仕入れなどで支払った消費税を控除できないため、還付を受けられないデメリットもあります。しかし、２０２３年10月１日より、インボイス制度（適格請求書等保存方式）という、仕入税額控除を受けるための新たな法改正が開始されたので注意が必要（国税庁のウェブサイトで確認のこと）です。

これによって前々年の課税売上高が１０００万円を超えると、課税事業者となり納税する必要がありますが、仕入れなどで支払った消費税を控除できます。その際、税務署に「消費税課税事業者届出書」の提出が必要ですが、インボイスを発行できる事業者になりは、さらに「適格請求書発行事業者の登録申請書」を提出し、登録を受ける必要があります。課税事業者届出を提出しただけでは、課税事業者ではあるが、インボイスは交付できないので注意が必要です（T＋13ケタの番号が発行されないため）。

いずれにせよ、まずは個人事業主として、ちいさくお店をはじめて徐々に育てていけば、お店の売り上げを上げることに集中できます。無理をせず、お店を続けていくためにも、売り上げが安定してきたら法人化を考えるようにしても遅くはないわけです。

あなたのお店の売り上げに見合った運営をするためにも、余計な経費や支払いを抑えることは大事です。お客さんに快適に過ごしていただく環境を整えることを前提に、人員は最適なのか、食材ロスは徐々に削減できているか、無意味な接待交際をしていないか、などを考えてお金は使いましょう。

売り上げ規模もさほど大きくない飲食店は、「どれだけ売り上げるか」よりも「どれだけ利益を残せるか」がカギとなります。会社勤めのときには経費にできなかった車両購入費、自宅光熱費や自宅家賃の一部などが、事業に必要な支出に限って個人事業主では経費として認められます。

しかし、「何でも経費にできるから」と、むやみやたらに家庭用の食材や趣味の買い物など商売に関係のないすべての領収書を経費として計上すると、不適切な申告と疑われ、税務署による税務調査で指摘される恐れもあります。

自己責任でお金の使い方が決められるからこそ、お店の経費とプライベートの支出をきちんと区分けすることが必要です。買い物をするたびに、「これは売り上げに直結する支出なのか、それ以外の支出なのか」と、そのけじめをつけておきましょう。

ちなみに、免税事業者（前々年の課税売上高が１０００万円以下の者）が適格請求書発行事業者を選択する際には、原則として「消費税課税事業者選択届出書」と「適格請求書発行事業者の登録申請書」の提出が必要ですが、「適格請求書発行事業者の登録申請書」に登録希望日を記載することで、その登録希望日から課税事業者となる経過措置（令和11年9月30日まで）があります。その経過措置を適用する場合は、「消費税課税事業者選択届出書」の提出は不要です。

個人事業主が必要な書類をしっかり揃える

個人事業主が事業をはじめるときに用意しておきたい書類について、整理します。事業のスタート時に必ず求められるのが、税務署に提出する書類です。その種類は多く、初見では内容について理解しにくいものもあり、準備に時間がかかるので億劫《おっくう》に感じるかもしれません。しかし、お店を続けていくうえで、逃れられないのが数々の申請書類の作成です。

ここは覚悟を決めて、店主の大切な仕事として位置づけ、「開業に向けた書類の準備」は、その練習でもあると心得て、前向きに取り組みましょう。

開業時に税務署への提出を求められるのが、事業者であることを証明する「個人事業の開業・廃業等届出書」という「開業届」です。あなたが「個人事業主となった証」となる大事な用紙です。国税庁のウェブサイトからダウンロードできるので、事前に記入しておくと便利です。事業地や屋号、事業内容を記載した開業届を遅くてもお店をはじめてから1カ月以内に、地域の税務署に提出します。

すべての欄が埋められないときは空欄にしておき、税務署で担当者に確認すれば大丈夫です。時間節約も兼ねて「源泉所得税の納期の特例の承認に関する申請書」「所得税の青色申告承認申請書」なども持参しましょう。妻（または夫）に給与を支払う人は、「青色事業専従者給与に関する届出書」も提出します。

〈個人事業の開業・廃業等届出書〉

- 「納税地」は、お店の住所を記入する。
- 「上記以外の住所地・事業所等」は、あなたの住まいの住所を記入する。
- 「職業」は、自営業となる。
- 「屋号」は、お店の店名のことである。
- 「届出の区分」にある住所は、納税地と同じくお店の住所のことである。
- 「事業の概要」は、お店のメインとなる商品（たとえば、コーヒー、寿司、パスタ）を中心とした〇〇屋）と記入する。

〈源泉所得税の納期の特例の承認に関する申請書〉

- 「氏名又は名称」は、屋号を記入する。
- 「住所又は本店の所在地」は、お店の所在地を記入する。
- 給与支払いの実績があれば、実績を記入する。しかし、開店前に提出する際には実績がないために空欄にする。

個人事業の開業・廃業等届出書

個人事業の開業・廃業等届出書

○○税務署長

○年○月○日提出

納税地	住所地・居所地・事業所等（該当するものを○で囲んでください。） 下町区下町 1-1-1			
上記以外の住所地・事業所等	下町区下町 2-3-4			
氏　名	創業太郎　㊞		生年月日	昭和54年1月1日
職　業	カレー屋	屋号《フリガナ》	下町《シタマチ》カレー	

個人事業の開廃業等について次のとおり届けます。

届出の区分 該当する文字を○で囲んでください。	開業（事業の引継ぎを受けた場合は、受けた先の住所・氏名を書いてください。） 下町区下町 1-1-1　創業太郎 事務所・事業所の（新設・増設・移転・廃止） 廃業（事由） （事業の引継ぎ（譲渡）による場合は、引き継いだ（譲渡した）先の住所・氏名を書いてください。）			
開業・廃業等日	開業や廃業、事務所・事業所の新増設等のあった日	X年4月1日		
事業所等を新増設、移転、廃止した場合	新増設、移転後の所在地			
	移転・廃止前の所在地			
廃業の事由が法人設立に伴うものである場合	設立法人名		代表者名	
	法人納税地		設立登記	
開業・廃業に伴う届出書の提出の有無	「青色申告承認申請書」又は「青色申告の取りやめ届出書」	有・無		
	消費税に関する「課税事業者選択届出書」又は「事業廃止届出書」	有・無		
事業の概要 できるだけ具体的に書いてください。	スパイスカレーを中心としたカレー屋。インドカレーを中心に日本人の口に合うカレーを提供する。昼は安価なカレーを提供。夜は、インドビールなどの酒類も提供する。			

給与等の支払の状況	区　分	従業員数	給与の定め方	税額の有無	その他参考事項
	専従者	人		有・無	
	使用人			有・無	
				有・無	
	計				

源泉所得税の納期の特例の承認に関する申請書の提出の有無	有・無	給与支払を開始する年月日	

関与税理士 （TEL　-　-　）

創業時に著者が使用した書類をもとに作成

源泉所得税の納期の特例の承認に関する申請書(例)

源泉所得税の納期の特例の承認に関する申請書

令和　年　月　日 税務署長殿	フリガナ 氏名又は名称	下町《シタマチ》カレー
	住所又は 本店の所在地	下町区下町 1-1-1
	代表者氏名	創業太郎　㊞

次の給与支払事務所等につき、所得税法第 216 条の規定による源泉所得税の納期の特例についての承認を申請します。

給与支払事務所等に関する事項				
	給与支払事務所等の所在地 ※　申請者の住所（居所）又は本店（主たる事務所）の所在地と給与支払事務所等の所在地とが異なる場合に記載してください。	〒 電話　-　-		
	申請の日前６か月間の各月末の給与支払を受ける者の人員及び各月の支給金額 〔外書は、臨時雇用者に係るもの〕	月区分	支給人員	支給額
	1　現に国税の滞納があり又は最近において著しい納付遅延の事実がある場合で、それがやむを得ない理由によるものであるときは、その理由の詳細 2　申請の日前１年以内納期の特例の承認を取り消されたことがある場合には、その年月日			

税理士署名押印	㊞

創業時に著者が使用した書類をもとに作成

〈所得税の青色申告承認申請書〉

- 「納税地」は、開業届と同じくお店の住所を記入する。
- 「所得の種類」は、事業所得を選択する。
- 「その他参考事項（1）簿記方式」は、会計ソフトを使用したり、税理士契約する場合は、複式簿記作成が可能なので、「複式簿記」を選択する。

税務署などに提出する書類のタイトルは一見複雑そうですが、内容はいたってシンプルです。各都道府県によって提出書類が異なるので、税務署や青色申告会などで確認してみましょう。

また、こうした書類は、【開業時提出書類】とタイトルをつけたファイルに、すべての書類をまとめて保管すると、お店をオープンしてからも役立ちます。

可能ならば、ＰＤＦファイルでデータ保管をしておくと、国や自治体の助成金などを申請するとき、簡単にメール添付できるので便利です。コロナ禍において、私自身も多くの助成金を申請する際に開業届や申告決算書書類などのデータ提出が必要になりました。データ保存しておいたおかげで、スムーズな申請に役立ちました。

所得税の青色申告承認申請書（例）

所得税の青色申告承認申請書

○○税務署殿
年　月　日提出

納税地	住所地・居所地・事業所等（該当するものを○で囲んでください。） 下町区下町 1-1-1　(TEL 03-XXXX-XXXX)		
上記以外の住所地・事業所等	納税地以外に住所地・事業所等がある場合は書いてください。 下町区下町 2-3-4　(TEL 03-XXXX-XXXX)		
氏　名	創業太郎　㊞	生年月日	昭和 54 年 1月1日
職　業	カレー屋	屋号《フリガナ》	下町《シタマチ》カレー

平成Ｘ年分以後の所得税の申告は、青色申告書によりたいので申請します。

1　事業所又は所得の基因となる資産の名称及びその所在地（事業所又は資産の異なるごとに書いてください。）

名称　下町カレー　　所在地　下町区下町 1-1-1

名称　　所在地

2　所得の種類（該当する事項を○で囲んでください。）

事業所得・不動産所得・山林所得

3　いままでに青色申告承認の取消しを受けたこと又は取りやめをしたことの有無

(1)　有（取消し・取りやめ）　年　月　日　　(2) 無

4　本年 1 月 16 日以後新たに業務を開始した場合、その開始した年月日

Ｘ年４月１日

5　相続による事業承継の有無

(1)　有　相続開始年月日　年　月　日　被相続人の氏名　(2)　無

6　その他参考事項

(1)　簿記方式（青色申告のための簿記の方法のうち、該当するものを○で囲んでください。）

複式簿記・簡易簿記・その他（　　　　）

(2)　備付帳簿名（青色申告のため備付ける帳簿名を○で囲んでください。）

現金出納帳・売掛帳・買掛帳・経費帳・固定資産台帳・預金出納帳・手形記入帳
債権債務記入帳・総勘定元帳・仕訳帳・入金伝票・出金伝票・振替伝票
現金式簡易帳簿・その他

(3)　その他

関与税理士

(TEL　-　-　)

創業時に著者が使用した書類をもとに作成

顧問税理士を味方につけるのも税務対策

全国には一般社団法人青色申告会があり、そこでは税務に関する一切の書類に関する相談として「記帳・決算・申告の相談」「経営の相談」にのってくれます。このほかにも「親睦・異業種交流」「金融・サービスの紹介」などの窓口もあるので、必要に応じて加入することで特典も得られます。地域により青色申告会の月会費は異なりますが、おおむね月額1000〜2000円です。

創業した1年間は、私自身が税理士の必要性を感じなかったので、青色申告会に加入して確定申告の際にだけ税務署の相談窓口で、申告書類の書き方や内容を確認してもらいました。しかし、日常業務を通して出てくる税金への疑問、不明な点をすぐさま相談できるほうが安心だと思い、確定申告書類作成だけでなく、いつでも相談できる税金のエキスパートを味方につけることにしました。気軽に相談ができますし、決して高くはない固定費だと位置づけています。

仮に税務調査が入る場合でも、顧問税理士が同席できるのでしっかりとした対応が可能になるでしょう。そのためにも毎年、いつわりない内容で税務申告をすることが、税理士との信頼関係を築くためにも必要です。

もし、あなたが脱サラだったり、定年退職後にお店を開くのなら、もう1つ注意しておくべきことがあります。会社員から個人事業主となった人は、国民健康保険や国民年金への切り替えも忘れずに行いましょう。会社員として働いていた人にとって、いままで年末調整や税金手続きなどは会社が代行してくれました。しかし、個人事業主となれば、毎年2月から3月の定められた期間に、あなた自身が確定申告をする必要があります。

確定申告は「青色申告」で上手に節税する

はじめて確定申告をする人にとって、その手続きは、面倒に感じるかもしれません。それでも、なぜ、確定申告をしなければならないかと言えば、会社勤めだったころは、年収にかかる税金の計算から手続きまでのすべてを「会社が代理で行なってくれていた」ためです。あなたに自覚がないだけで、税務に関する申告はしていたのです。

それを個人事業主の場合には自らの手で行うわけで、1年間の収入（店の売上）や支出

（家賃、水道光熱費、人件費、食材費、雑費、消耗品費などの店の運営に関わるすべての経費）、社会保険料から扶養控除などの書類を準備して申告するのです。

これからはすべて自分で取り組むものの、利益が出すぎた年に設備投資をしてみるなど計画的に資金を投じれば、先述したように還付という形で税金が戻ってくることがあります。確定申告とは、1年間に生じた所得とそれに対する所得税などを計算し、その年に源泉徴収された税金などの過不足を精算する手続きです。そのため会社勤めでも、株の売買での利益（損失）があったり、不動産を売却して利益が出たり、副業による所得が20万円を超えたりした場合は、確定申告をする必要があります。

申告は、1月1日～12月31日までの1年間の所得から所得控除（医療費控除、扶養控除、社会保険料控除など）を行なって計算した所得税の申告書を、翌年2月16日～3月15日までに税務署に申告します。納付税額が確定すると、その数字を基に住民税や国民健康保険料などが算出され、毎年6月あたりに納付書が手元に届きます。納付税額の求め方は、

- 収入（店の売上）－経費＝所得
- 所得－所得控除＝課税所得

- 課税所得×税率＝所得税額
- 所得税額－税額控除＋復興特別所得税額＝納付税額

です。確定申告には、青色申告と白色申告の2種類があることを覚えておきましょう。しっかりと事業内容や経営を数字で把握するために、本書では青色申告を選択することを前提に説明していきますが、青色申告にも、10万円控除と65万円控除の2種類あります。

これらが共通しているのは、

- 「開業届」「青色申告承認申請書」を税務署に提出する必要がある。
- 「青色事業専従者給与に関する届出書」を提出すれば、生計を同一にする家族の給与を上限なく経費（青色専従者給与）にできる。
- 確定申告書、青色申告決算書を提出する。
- 赤字を3年間繰り越せる。
- 青色申告特別控除が受けられる。
- 減価償却資産（30万円未満）を一括して経費にできる。

という点です。では、10万円控除と65万円控除の違いは何かと言うと、税務署への提出書類と保存帳簿の種類、記帳方法などが異なる点です。65万円控除を受けるには、白色申告が必要とする簡易簿記ではなく、複式簿記で記帳すること、貸借対照表と損益計算書を提出することです。しかし、令和2年（2020年）に「青色申告特別控除」の見直しが行われ、65万円控除を受ける要件として、

- 仕訳帳、総勘定元帳について電子帳簿保存を行う。
- 確定申告書、青色申告決算書をe-Tax（国税電子申告 納税システム）で提出する。

が加わりました。この2つを行わない場合、55万円の控除しか受けられないので注意が必要です。青色申告の最大のメリットであるこの65万円控除は、とても大きな節税です。仮に事業所得が200万円の場合と、65万円控除適用で135万円になるのとでは大きな差が生まれます。デメリットである煩雑な帳簿作成などは、会計ソフトや税理士に依頼することでクリアできるので、青色申告65万円控除を選択するのが得策です。

節税には不向きな白色申告

開業前に税務署へ「開業届」や「青色申告承認申請書」を提出しなければ、自動的に白色申告扱いになります。白色申告とは、会計知識がなくても比較的簡単に帳簿作成ができますが、税制上のメリットがほとんどありません。デメリットとしては、

①赤字を繰り越せない。
②10万円、55万円、65万円などの特別控除が受けられない。
③専従者給与を一定額しか経費にできない（年間最大84万円までの事業専従者控除が受けられる）。
④少額減価償却資産の特例が受けられない。

が挙げられます。青色申告であれば、白色申告のデメリットを解決できます。要するに、赤字は最大３年間繰り越すことができたり、特別控除も受けられます。専従者給与も上限なく経費にでき、固定資産の取得費用が30万円未満ならば経費として一括計上できま

す。帳簿や申告に手間がかからない分、特別控除などの恩恵が受けられないことになります。反対に、手間をかければ税金が安くなり、節税につながるわけです。

ここまで確定申告について説明してきましたが、同じ売上高があっても、賢く節税する人と、しない人とでは、手元に残る金額が数万円から数十万円ほど差があることが理解できたと思います。脱税は違法ですが、節税は税務署も認める合法です。

会社員は扶養控除や医療費控除などがメインとなる節税対策ですが、個人事業主は儲かった年は必要経費にお金を投入して節税するなど、調整できるという点ではるかにお得。こうした観点からも面倒に思わず、ぜひとも、節税対策として位置づけて上手な確定申告をしましょう。

費用対効果の面から見ても、飲食店をはじめた当初から法人化するメリットは少ないことがわかります。やはり個人事業主としてはじめて節税を意識し、売り上げを安定させることに注力していきましょう。

いまは法人化されていますが、開業当時は個人事業主としてはじめた旧知の経営者に、東京都葛飾区に本店を置く「らーめん大」の清水照久社長がいます。1999年に第1号店をオープンし、「堀切系」と呼ばれる新たなジャンルのラーメンをつくり上げたラーメン業界のカリスマ的存在です。

清水社長が経営するお店は、二郎インスパイア（ラーメン二郎と、特徴が似ているという意味）と呼ばれるラーメン店ですが、１００万円という最小投資で４坪のちいさな店舗からはじめたラーメン店です。

豚の出汁にチャーシューの醤油ベースのスープに極太麺が特徴で、クセになる味がやみつきになると評判で、地元でも徐々に話題の店となりました。行列ができるお店でもあり、売り上げが順調なため翌年には、蒲田（大田区）に2店目をオープン。その後も事業を拡大し、京都や博多などにも出店しています。

まさに個人でちいさくお店をはじめて法人化した成功例です。いまでは直営のお店とフランチャイズのお店とを合わせて、年商5億円の大きな事業へと育てあげ、ラーメン業界でも一目置かれる存在です。

ここに注目！　会計用語を覚えよう

青色申告（10万円控除）――簡易簿記のみ提出。10万円特別控除のメリットがある。

青色申告（65万円控除）――10万円控除と比べて、手間がかかる複式簿記が必要な分、65万円特別控除が受けられる。

簡易簿記――基本的には収支のみを帳簿に記入するだけなので、簿記の知識も不要。

複式簿記――日々発生する収支などの取引を借方と貸方に分けて、複数の科目で記載する方法。会計ソフトを使えば自動的に仕分けされ、総勘定元帳、貸借対照表などの複雑な書類が作成できる。

貸借対照表――資産、負債、純資産の内容を示し、財政状態を分析する財務諸表の1つ。

損益計算書――収益や費用などを明らかにしてどれだけの収益を得たかがわかる決算書。

総勘定元帳――すべての取引を科目ごとに記録する帳簿のこと。

減価償却――購入した資産は、時間がたつにつれてその価値が減っていくと考え、10万円を超える資産は、耐用年数に応じた期間で経費化すること。

家事按分――プライベートと事業を分けたその割合のこと（仮に自宅の5分の1を事業に使用している場合、事業比率が20％となる）。

第5章

説得力がある「事業計画書」をつくる

お店のセールスポイントは何か

事業計画書で事業の魅力を棚卸しする

第5章では、事業計画書をどう組み立ててつくっていくのかについてお話しましょう。

事業計画書づくりは、とても大切です。しかし、構えて臨むと型にはまりすぎた杓子定規な内容になりかねず、あなたのお店の魅力が読み手に伝わりません。とはいえ、金融機関からの借り入れや行政が用意する支援制度を利用する場合に提出を求められるため、決められた要素も、きちんと事業計画書に入れる必要があります。

事業計画書づくりは、作成するプロセスで考える要素が多く、ここで挫折してしまう人も多いと聞きます。そのハードルは乗り越えるのは簡単ではないかもしれませんが、「事業主になるための試運転」——お店がオープンしてから失敗しないようにシミュレーションする、またとない機会と位置づけて臨みましょう。

まず、事業計画書をつくる価値は、「どうしてこの事業をはじめようと思ったのか」という想いや「事業主になる意味は何か」など、あなたにしかできない事業の魅力を独自の視点で棚卸しするプロセスであり、それを自分の言葉で存分に周りの人たちにプレゼンテーションするチャンスでもあります。

では、作成するうえでのポイントは何かと言えば、

- フォーマット（雛形）作成の主旨に合わせて、事実を正確に記載する。
- 起業への思いや事業の特性について自由に記入する。

です。この2種類があることを理解し、それぞれを分けて記入していくことです。ですから、事業計画書をつくる心がまえとしては、

- 事業計画書は、はじめて書く人がほとんどで、同じスタートラインなので心配しなくていい。
- 記入欄に書き込むときは、「丁寧に書く」「嘘をつかない」「諦めない」の3大原則を踏まえて臨む。

これらができれば、事業計画書として合格点である「70点」以上のものをつくれると自

信を持っていいでしょう。

ところで、改めて「事業計画書とは何か」ですが、

あなたの頭のなかで思い描いている事業のアイデアを第三者にわかりやすく伝えるための作業である。

と、私は説明することにしています。それでは、事業のアイデアを第三者にわかりやすく伝えるにはどうするのか。具体的な事業計画書づくりの書き方について、実際の「起業計画書」を使用して説明していきましょう。大項目で数えると、全部で8つの項目があります。1つずつ順番に説明していくことにします。

借入時に必要なフォーマット（提出先によって異なるので注意）が手に入ったら、直に記入するのではなく、コピーして下書きをしたうえで項目を埋めてみてください。今回は、私が起業をした東京都葛飾区のフォーマットを使って説明することにします。なおここでは「起業計画書」となっていますが、「事業計画書」と同じ意味として扱います。

起業計画書を記入する

起業計画書

（申請者）
住　　所
【本店所在地】
氏　　名
【名称及び代表者】

1・事業内容

業種	飲食サービス業		
仕入先	スパイス卸等	販売先	一般消費者
取扱商品・サービスの具体的内容	スパイスカレーを中心としたカレー屋。インドカレーを中心に日本人の口に合うカレーを提供する。昼は安価なカレーを提供。夜は、インドビールなどの酒類も提供する。	事業のセールスポイント	家庭では手に入りづらいスパイスなども使用し、食べやすくて、体に良いカレーを安く提供する。クセの強いスパイスカレーを日本人向けにすることで食べやすくするのもポイント。
事業所所在地	下町区下町 1-1-1	TEL	03-XXXX-XXXX
事業開始届の有無	(有)・無	開設(予定)日	X年4月1日
起業予定位置図	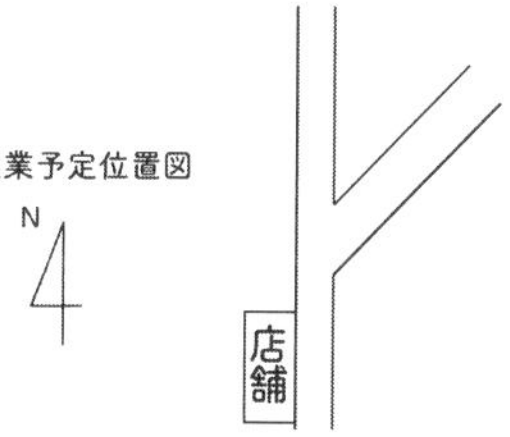	従業員数	1人
		起業される目的・動機など	カレー屋のニーズがあり、かねてからの目標でもあったため
		起業される業務経験の有無	なし

事業主経験				
事業主経験	有・(無)	法人・個人 年　月から　　年　月まで	業種	

創業時に著者が使用した書類をもとに作成

事業計画書を書くときのポイント

1　事業内容

まず、フォーマットのなかで必ず書き込まなければならない欄――住所、氏名、連絡先などは間違いがないように、楷書で丁寧に書き込むことからはじめましょう。

次に、事業内容――仕入先、販売先、取扱い商品、事業のセールスポイントの記入となるわけですが、できるだけわかりやすい言葉で、具体的に記入していきます。項目ごとに説明していきます。

〈業種〉

業種とは、事業や営業の種類のこと

業種とは、事業や営業の種類を示します。総務省統計局が定める日本標準産業分類によると、「食料品」「繊維製品」「化学」「医薬品」「電気・ガス業」「卸売業」「銀行業」「不動産業」「飲食サービス業」……など33分類があると言われています。飲食店の場合は、「飲食サービス業」となります。ですから、飲食サービス業と記入します。

〈仕入先〉

お店が商品や原材料などを購入する相手を書く

あなたのお店で扱う商品を仕入れる商店や会社が仕入先となります。たとえば、近くの八百屋、市場の魚屋、米屋、ＥＣサイトなど開業前の時点で決定している仕入先をいくつか記入します。開業したあとに仕入先の変更があってもかまいません。これから行う事業の実現性を示すのが、主な目的です。

〈販売先〉

お店が直接、サービスを提供する相手を書く

来店されたお客さんに食事や飲みものを直接提供する場合、販売先は「一般消費者」となります。また、学校や介護施設などへの飲食の宅配事業がメインであれば、「学校や介護施設」と書きます。

〈取扱商品・サービスの具体的内容〉

お店の売り（主力商品）を具体的に書く

提供するメインの料理名を書きます。おつまみや前菜（アペタイザー）、ご飯物や酒類などでこだわっている商品があれば、それも書き添えることも忘れずに。具体的には、「旬の○○」「○○港直送」「全国各地の地酒」など、シズル感のある言葉選びをするのがポイントです。

私の場合は寿司屋なので、新鮮な魚介をイメージさせる「築地直送の旬の魚」「1個、50円から目の前で握る寿司」というお得さやライブ感が伝わるフレーズを使用しました。

〈事業のセールスポイント〉

あなたのお店の強みや個性をアピールする

あなたが想定するお客さんに対して、どのような楽しい体験を提供できるお店なのか、工夫をしているのかなど、いままでの経験やアイデアを活かしたサービスについてアピールしましょう。

たとえば、自宅や他の飲食店では体験できない独自の話術（会話）や調理法などが考えられます。おいしい食事だけでなく、カウンター越しにたくさん笑った思い出や楽しかった経験なら、あなたにも一度や二度あるはずです。あなたのお店がそうした唯一無二の空間であることを訴えましょう。

〈事業所在地と電話番号〉

お店の住所、電話番号を記入する

事業所在地とは、あなたのお店の住所です。電話番号ですが、経営者の携帯電話番号が記載されている名刺を見かけることがありますが、公私混同を避ける意味でも必ずお店専用の固定電話を置きましょう。ＮＴＴで新規申し込みをする際に、希望番号に空きがあれば、下４桁の部分をリクエストできます。私の場合、屋号が「すすむ」なので３３６（すすむ）を意識して、お店の電話番号も下３桁を３３６にしました。

〈事業開始届の有無〉

まずは、事業開始届を出す

開業前に、税務署で開業届と呼ばれる「個人事業の開業・廃業等届出書」を出します

（第4章参照）。記入するのは、お店の住所、屋号、事業概要など、お店をはじめるときの基本情報です。

開業に必要な書類を数種類ほど用意することになるわけですが、書類ごとに記載が異なならないように、整合性があるのか、記述に間違いがないか、できるだけダブルチェックしましょう。

また、開業後も、この書類は助成金申請や屋号付き口座を開設する際などに必要になることもあるので、時系列にまとめた専用ファイルをつくって大事に管理します。これらの書類は電子での提出を求められることもあります。必要に応じて、メールへの添付ができるように、オリジナルをスキャンしてUSBメモリへの保管、あるいはパソコン内に「開業時書類」と、タイトルをつけてデータ保存しておくと便利です。

〈起業予定位置図〉
誰もが知っている駅、国道、建物などを中心に地図を描く

開業予定のお店の近くを走る国道、駅、近所にある大型スーパーや学校など地図を描くうえで目印になるものを決め、そこを中心に地図を書きます。目印になる大型店舗や施設があれば、地図上に「○○スーパー」「○○小学校」というような具体的な名前も書き添えると、よりわかりやすくなります。

〈起業される目的・動機など〉

起業する目的などは明確にして言葉にする

商売に対する情熱や開業への想い、その目的を書き込みます。読み手が「このお店を応援したい」「出かけてみたい」と興味を持てる内容にしましょう。そのためには「儲けたい」だけではなく、お店の運営を通じての自己実現や地域に根ざした取り組み、その貢献度など、地域に必要とされる飲食店であることを言葉にしてみましょう。

私のケースで言えば、「経験を基に自分らしい魅力あるお店づくりをしたいです」「地元に愛され、地域に貢献できるように長く続けていきたいです」という具合です。ここが一番大事な事業に対する説明となるので、しっかりと準備しておきます。

〈起業される業務経験の有無〉

飲食店経営が未経験でも臆せず正直に書く

書面で業務経験の有無を問われると、その意図を深読みしてしまい、未経験者でいいものなのか、迷うかもしれません。ここは心配せず、あくまであなたの経験を把握することが目的だと理解することが大事です。

発想を変え、あなたのことを知ってもらう絶好のチャンスだと考えましょう。別欄で自身の経験や強みなどを上手にアピールします。たとえば、数字に強ければ、「商売に必要となる経理に長けている」。料理が得意ならば、「日ごろから料理や菓子づくりをしている」と記入します。

2 起業準備の着手状況

項目の2つめです。起業準備の着手状況について記入します。

具体的にお店のオープンに向けて、着手状況を1つひとつ確認しながら選んでいきます。項目を埋めることが目的ではなくて、準備が「できている」「できていない」を自分なりに把握するために役に立つと考えて記入していきましょう。

用紙の記入のポイントは、書類提出時点での着手状況把握を目的にしているため、何も着手していなくてもかまいません。私の場合は飲食店開業に必要な食品衛生責任者資格を

起業準備の着手状況を記入する

2・起業準備の着手状況

（これから起業される場合は下記の該当事項に○印をつけ、確認できる書類等を添付してください）

ア．設備機械器具等発注済みである

イ．土地・店舗を買収するための頭金等支払済である

ウ．土地・店舗を貸借するための権利金・敷金等支払済である

エ．商品・原材料の仕入を行っている

オ．事業に必要な許認可を受けている

カ．事業に必要な許認可等の申請が受理されている

キ．その他（具体的内容　　　　　　）

3・販売先・仕入先（取引先と何らかの関係があれば記入。また、契約書・注文書があれば添付すること。）

主な販売先・受注先	住所	販売・受注予定額	回収方法
一般消費者		年14,000千円	現金・売掛・手形
		年　　　千円	現金・売掛・手形
		年　　　千円	現金・売掛・手形
主な仕入先・外注先	住所	仕入・外注予定額	支払方法
スパイス問屋	下町区下町 2-2-2	年 1,200 千円	現金・買掛・手形
サフランライス	下町区下町 3-3-3	年 1,200 千円	現金・買掛・手形
世界酒店	下町区下町 4-4-4	年 1,560 千円	現金・買掛・手形

4・購入済設備

		面積	取得方法（自己・新築・買収・賃借）	取得に要する資金	契約年月日	取得（完成）年　月　日
事業用不動産	土地	㎡		万円		
	建物	㎡		万円		
	計（A）		（取得に要した資金）			万円

	名称	形式・能力	数量	単価	金額	発注先	設置年月日
機械器具・什器備品等					万円		
	計（B）	（取得に要した資金）					万円

創業時に著者が使用した書類をもとに作成

有していたので、「オ」のみ着手していました。

ア　設備機械器具などを発注済みである

↓書類を提出する段階で、すでに購入済みの厨房設備（冷蔵庫や椅子などの什器を含む）などがあれば○をつけます。いくつ注文したのかは問われていないので、少しでもあれば該当していると考えて印をつけましょう。

イ　土地・店舗を買収するための頭金などを支払い済みである

↓該当すれば○。こちらも頭金の金額は問われていないので、相手先と契約済みならば該当します。

ウ　土地・店舗を賃借するための権利金・敷金などを支払い済みである

↓この書類を提出する段階で、すでに（不動産屋を通じて）店舗契約をしている。また、敷金などを支払っていれば○。○印をつけたからと言って、店舗契約について家賃の減額や使用開始時期など、多少の変更があった場合でも問われることはありません。

エ　商品・原材料の仕入れを行なっている

↓すでに、商品を仕入れていれば○。この問いの目的は現実的な着手状況を知ることと予想されます。そのため実際に商品を仕入れて試作品を調理しているなどの状況であれば、○をつけて大丈夫です。

オ　事業に必要な許認可を受けている

↓事業をはじめるのに必要な「食品衛生責任者講習会」を受講済み、もしくは営業許可をすでに受けていれば○。「食品衛生責任者講習会」とは、1日の講習で食品衛生責任者資格を取得できる講習会のことで、事前申し込みをすれば受けられます。各都道府県の食品衛生協会が主催しており、費用は1万円から1万2000円かかります。

ウェブサイトでは、たとえば、「東京　食品衛生責任者講習会」として調べることができます。月10回ほど開催されているので、スケジュールに余裕のある段階で取得しておきたい資格です。

内容は、リアルの研修とeラーニングがあり、選ぶことができます。なお、調理師免許があれば受講不要です。

カ　事業に必要な許認可などの申請が受理されている

↓飲食事業に必要な許認可とは、食品営業許可です。先述した「食品衛生責任者資格」などを有していて食品衛生上、必要な店舗設計になっていると保健所が認可した場合、公布されるものです。資格取得↓保健所に申請↓保健所が受理、となります。資格を有しているだけでは、申請が受理されていることにはならないので注意しましょう。

3　販売先・仕入先

項目の3つめです。販売先・仕入先についてです。

具体的な販売先と販売予定額などを記入する

一般的なカフェや寿司屋（飲食店）なら主な販売先は、「一般消費者」と記入します。また、販売予定額は、事業計画を基に算出した年商を書きます。月商（客単価×席数×回転数×月間営業日数）が150万円ならば、「150万円×12カ月＝1800万円」なので、1800万円とします。

質問されたときに、しっかりと説明できる金額の根拠を明確にしておくことが大切です。ここは１万円単位で正確に出すことが目的ではなく、月商の内訳にある各項目の根拠を明確にすることが求められている項目だと理解しましょう。たとえば、「席数」の根拠は、12坪の物件であれば１・５の係数を掛けた18席を想定することができます。こうしてすべての数字の説明ができるように準備をします。

主な仕入先の欄は、食材仕入れのメインとなる卸市場、酒屋、スーパーなどを記入します。一般的な飲食店の売上高に対する原価率は、30％未満が適正値と言われています。ですから仕入れ予定額は、年商の25～30％を目安にそれぞれの仕入先の欄に記入するのがポイント。ここで原価率の適性値を超えた場合に、あなたなりの戦略や考えがある以外は、見直してみることがおすすめです。支払い方法は、現金か売掛（あとから支払う）を選択します。

４　購入済み設備

４つめの項目です。ここは設備に関する購入状況をみます。

該当する箇所を記入する

事業用不動産などをすでに購入済み、あるいは家族の所有する土地や建物を利用する場合に該当します。機械器具・什器備品なども購入済みのものがあれば、こちらの詳細についても記入します。

借り入れをして事業をはじめる際は最初から土地や建物を購入するのではなく、まずは、お店を借りるほうが私は安全だと考えています。なぜならば、毎月家賃を支払うというデメリットもありますが、将来移転する可能性があると想定すれば、初期投資も抑えられるからです。あなたともう1人（妻や夫、パートナーなど）で、はじめるちいさなお店の広さの目安は、10～12坪（33～40平米）です。

お店の運営費用の概算を知る

5　当初運転資金計画

5つめの項目です。ここはスタート時に必要な運転資金の内訳をみます。

運転資金計画を記入する

5・当初運転資金計画

名称	金額	積算内訳
商品・材料の仕入資金	108 万円	食材費３ヵ月分
人件費・賃金等	24 万円	パートナー人件費３ヵ月分
その他の資金	27 万円	賃料３ヵ月分
計（C）	159 万円	

6・設備計画

		面積	取得方法（自己・新築・買収・賃借）	取得に要する資金	契約年月日	取得（完成）年月日
事業用不動産	土地	㎡		万円		
	建物	30 ㎡	賃借	40 万円	X年 1月1日	
	改修の要否	(要)・不要	【内容】改装費	300 万円		
	計（D）		（取得に要する資金）	万円		

	名称	形式・能力	数量	単価	金額	発注先	設置年月日
機械器具・什器備品等	冷凍冷蔵庫 製氷機 二槽シンク，他	XXX-22 IM-685 SA-123 （型番）	各１	22万円 20万円 5万円	万円	下町厨房サービス社	
	計（E）	（取得に要する資金）			200 万円		

（土地購入資金は融資対象外です）

7・事業に必要な総資金合計

(A＋B)＋(C)＋(D)＋(E)=F　　699 万円

創業時に著者が使用した書類をもとに作成

運転資金の食材仕入れ、人件費などを計算する

運転資金とは、お店を運営するために必要な経費全般です。それぞれ3カ月分を算出して記入します。なぜ、3カ月分なのかと言えば、一般的に開業してから軌道に乗るまで、だいたい3カ月かかるという理由からです。

食材仕入れは、酒類を含めたものです。人件費は一緒にお店を切り盛りするパートナー（妻など）、またはパート、アルバイトの給与です。注意が必要なのは、あなたの給与はここには含まれないということです。

つまり、個人事業としてはじめれば、売上から経費を差し引いた残りのお金が自分の給与となるからです。地代家賃も同じく3カ月分を記入します。その他の資金には、水道光熱費や音響設備など、ある程度、毎月決まった支出3カ月分を記入します。いずれも3カ月分なのは、軌道に乗るまで要する期間という意味合いだけではなく、資金面での不安を軽減させるという理由です。

運転資金は、仮にまったくお客さんが来ない場合も、お店を維持していくための資金なので、しっかりと確保しておくようにします。私の場合は、周到な準備が奏功して、開店

当初からまずまず順調で、最初の3カ月を乗り切れました。

6　設備計画

6つめの項目です。ここはお店や機械器具などの設備に関する計画をみます。

機械器具などは詳細を記入する

契約（これからする予定）した事業用不動産の詳細を記入します。賃借店舗の場合、物件取得に費やした費用（敷金や礼金を含む）を記入します。

飲食店の場合の敷金、礼金は、4〜10カ月分が目安です。

このときに、何かしらの内装工事が必要になるので、工務店や内装会社からの見積もり額を改装費として記入します。

機械器具欄には、冷蔵庫やシンクなど必要な機材の型番や金額を記入しますが、困るのがエアコンや冷蔵庫の適性サイズです。インターネットで「飲食店　能力　目安　エアコン」などのキーワードで検索すると、お店の広さ（坪数や平米数）によって適したサイズがあるので、そこから探すのも方法です。

私のお店では業務用エアコンは、適正サイズより1つ上の馬力サイズを選びました。購入したあとに、もう1台追加したり、サイズアップすることはむずかしいためです。「能力算定基準表」に記載されている推奨サイズより1つ上のサイズが、大は小を兼ねることにつながります。

業務用エアコンや冷蔵庫などは、家庭用と比べると使用頻度が高いため、割高となりがちです。しかし、価格を抑えることばかりを優先したがゆえに、「割安というセールストーク」に目がくらんで、中古品を選ぶ人がいますが、故障や買い替えのリスクを考えると、避けたほうがよさそうです。

中古品は誰がどのような使い方をしていたのかわからないので保証も不明確です。営業時間中の故障はお客さんにも迷惑をかけるので、設置後のことまで考えることが必要です。長い目でみたときに、安物買いの銭失いとならないように、気をつけましょう。新品であれば、どのサイトで購入してもメーカーの1年間の保証がつく場合が多いです。

飲食店に最低限必要な機材は、冷凍冷蔵庫、エアコン、製氷機、二槽シンク、手洗いシンク、椅子やテーブルなどです。私は店舗契約後に方眼紙を用いて、冷凍冷蔵庫はどこに置くのか？　椅子とテーブルの配置は？　などの課題1つひとつ考えたうえで、簡単な図面を描きました。

我流ですが、方眼紙の１マス10センチとして、お店の間口と奥行きの箱の中に、冷蔵庫などのサイズ（幅、奥行き、高さ）を調べて、まるでパズルを嵌《は》めるときのように書き込んでいきました。一般的な図面のように「上から見た図（平面図）」はもちろん、各機材を並べたときの高さを確認するための「真横から見た図（側面図）」、この２種類の図面を作成しました。この作業を通じて、立体的に店舗内の各機材の配置図ができたので、それを基に何度もベストな配置を検討できました。

多少、時間がかかりますが、手を動かすことで自分の考えが曖昧なところ、絶対に譲れないこと、必要または不必要な設備などが明らかになり、振り返ればムダな作業にはなりませんでした。自分なりにシミュレーションをして、購入したあとに置き場に困らないように、動線を考慮しながら進めていきましょう。

その際、客席の椅子と通路の幅や厨房の出入り口は、最低でも60センチが必要になるなど、インターネットで「飲食店　幅　通路」などで検索するとお店づくりに欠かせない寸法を知ることができます。

工事終了後は変更できないレイアウトもあるので、設計士や内装会社などに事前に相談することが大事です。そのためには、他人任せにせず、あなた自身でも事前に調べておきましょう。あなたが働く場所なので、納得ができるレイアウトを考えることがお店づくりのポイントです。

ここに注目！

10坪のお店、目標・月商150万円のケース

店舗坪数10坪×適正客席数（1・5倍）＝15席

客席数を坪数の2倍以上にしてしまうと、となりの席の間がぎゅうぎゅうに詰まってしまい窮屈です。特にコロナ禍で染みついたソーシャルディスタンスという概念が、さらに人との距離を意識させるようになりました。

高級店は客単価にふさわしく、ゆったりとした座席配置が一般的です（坪数×1席）。大衆酒場は背もたれもなく、肘《ひじ》がぶつかってもおかしくないほどお客さん同志が近接しているものです（坪数×2〜2・7席）。あなたのお店の客単価に適した客席数を決めましょう。

客席数15席×平均客席稼働率70％＝10席

実際に15席あっても、いつもすべての席が埋まるわけではなく（満席）、混んでいる状況でもせいぜい満卓（4人がけテーブルに2人や3人が座っている状況）の場合が多いと見なします。

1日の売り上げを計算する際には、平均客席稼働数10席×回転率（何回、お客さんが入れ替わるか）×平均客単価となります。事業計画書を練り込んでいるとき、特にこの1日あたりの売り上げを意識します。メニューを基に導き出した平均客単価と、その根拠となる数字を計算します。この平均客単価に、月間営業日数を掛けると月商になります。

理想は常に店内が満席ですが、現実はそう甘くはないので業界平均値の70％として計算します。業界平均値を適用することにより、現実ばなれしない月商が見込めますし、それに基づいた仕入れ予想にも役立ちます。

目標月商150万円×8％（適正家賃比率）＝12万円

一般的な飲食店運営方程式によると、売り上げに対する適正家賃比率は8〜10％前後です。お店が忙しくなく、売り上げが上がらないときに経営を圧迫するのは、固定費（忙しくても、暇でも、毎月支払う固定の支出）である家賃です。

また、月給で支払う人件費も同様に固定費なので、他人を雇うより身内で何とか運営できる店舗のほうが、ちいさくはじめる飲食店にはちょうどいいでしょう。私のお店の場合は、平均月商200万円に対して月額家賃が12万円なので、家賃比率は6％となり、安全水域内となります。

仮に目標月商を先に200万円と設定するならば、家賃上限は16～20万円となります。まずは予算となるこの家賃上限を設定することです。私の失敗談なのですが、家賃の上限設定をしないで物件を探していたときがありました。「自分なりの基準」がないため内見する物件すべてがよく見えて、ただただ目移りするだけで何も決めることができませんでした。

ついでに言うと、食材原価は売上高に対して、30％未満が適正値。

食材費（F＝food）と人件費（L＝labor）を合わせたFLコストは55～60％が適正値です。

7　事業に必要な総資金の合計

7つめの項目です。ここの目的は商売をはじめるために必要な資金の合計を確認することです。

▼総資金を記入する

すべての必要金額を算出してみます。

- 4の事業用不動産の取得に要した資金（A）。
- 4の機械器具・什器備品などの取得に要した資金（B）。
- 5の当初運転資金計画の合計（C）。
- 6の設備計画の合計（D）（E）。

最初に、必要な総資金合計（F）を計算してみましょう。予算内に収めることを第一に、オーバーしている場合は削減できる箇所を再考することも重要です。自己資金合計と借入額合計を足して、（F）と合う金額になるようにしましょう。

バランスのとり方が大変なのですが、私は（F）と合う金額になるように、絶対必要な厨房設備資金は削らずに運転資金を2～2・5カ月分に調整しました。それによって現実的な総資金合計にすることができました。

8 資金調達計画

8つめの項目です。ここでは商売をはじめるために必要な、最も重要である資金調達計画の説明です。

▼すべての数字をまとめてみる

まず、自己資金についてです。この自己資金とは事業に対するあなたの意気込みを表すものと言っても過言ではありません。コツコツ積み立てたお金や身内や友人からから借り入れしたお金も、ここの欄に該当します。

書き込むときの注意事項として借入希望額は、一般的な目安として自己資金の3倍未満にするように気をつけます。借入前の早い段階で、自己資金となるすべてのお金をあなた名義の通帳にまとめておけば、金融機関から提示を求められたときに、スムーズに対応で

資金調達計画を記入する

8・資金調達計画

（7・事業に必要な総資金についての資金調達計画を記入）

調達方法	金額	備考（調達先・返済方法等具体的に記入してください）
自己資金	300 万円	預貯金　300 万円
起業家支援融資	500 万円	下町区産業経済課融資窓口
合計	800 万円	

9・補足説明

（起業計画のあらましや着手状況、創業する直前の職業、事前に必要な知識・ノウハウの習得、事業協力者の有無等、補足説明したいことを記入してください。）

スパイスカレーを中心としたカレー屋を持ちたいと思い、３年前から研究を重ねてきました。一般には入手しづらいスパイスをブレンドしてインドカレーだが、日本人の口にも合うようにした独自の配合が売りです。ランチタイムは学生を主なお客として、リーズナブルな価格で提供。ディナータイムはインドビールなどに合うアペタイザーも提供。

地域に根ざした商いを目標に、長く愛されるお店にしていきたいです。事業協力者は、パートナーがひとりです。９坪 12 席のちいさな店舗で、効率よく運営していくためにあえてメニューの数を絞り、シンプルなオペレーションを考えています。利益率の高い酒類注文への導線として、揚げ物などのアペタイザーメニューを中心としたディナータイムに、しっかりとした利益を確保していきます。

※　開業済みで申込みされる方は、確定申告書（法人の場合は決算書）、または直近月までの合計残高試算表を提出してください

創業時に著者が使用した書類をもとに作成

きます。

すでに購入済みの設備などは、備考欄に合計購入価格を記入します。自治体の融資制度を利用して資金調達する場合は、制度名と金額、自治体名を記入します。最後に金額の縦の欄を合算して、計（F）に、「事業に必要な総資金」を記入します。

自己資金とは、あなたの口座にある残高のことです。借り入れをするときには、通帳の提示を求められるのですが、ここで大切なことは、記載されている残高が多いか少ないかだけではありません。残高金額が300万円と記載されていたとしても、それが通帳を提示する予定日の数日前に一括入金されたものであると、その理由を聞かれます。

というのも、金融機関（または、書類審査をする中小企業診断士）は、この残高をあなたが計画的に貯めてきたのか、そうでないのかを確認しているためです。計画的に、毎月、定額をコツコツ貯めてきたならば、思いつきで商売をはじめるのではないと判断する材料になります。これは金額の多い少ないではありません。ですから、しっかりした資金準備をすることが、あなたの商売人としての信用につながっていくのだと心得て準備をしましょう。

では、いくらぐらいが目安になるのかですが、7〜8万円なら無理なく、しかも1年で

１００万円ほど貯蓄できるので会社員時代から取り組むことが可能です。また、各自治体が提供している起業家支援融資などがあるので、希望借入額を記入します。

補足説明の欄で「商売への思い」を書く

９　補足説明

９つめの項目です。ここではあなたの経歴や商売に対する思いなど説明します。

想いをアピールできるチャンスと考える

補足説明の欄はできるだけ空欄にせず、フォーマットを埋めていくなかで、書き切れなかった情熱を思う存分、ぶつけましょう。ここは、あなたの腕のみせどころです。さて、事業計画書を作成する目的ですが、

①夢である商売を実現するために、その行動計画全般や方向性を知ってもらう。

②金融機関から事業に必要な資金を調達する。

ためです。無借金経営ではじめる場合も、具体的な数字の落とし込みや方向性、計画などをしっかりと練り上げることが、今後の店舗運営には欠かせません。ドンブリ勘定で商売をはじめると、予定していたよりも支出がかさんだり、想定外のことが起こったときに、臨機応変に対応できないものです。

自治体を通して借り入れすれば、金利は1%を下回るので、手元資金が潤沢にあるとしても、必要な資金の半分を借り入れするのではどうでしょうか。借金することを毛嫌いして、すべてを自己資金の中でやりくりする人がいますが、私はおすすめしません。気持ちもよくわかりますが、借り入れせずにはじめた場合、追加工事などで50万円、100万円と急にまとまったお金が必要になったとき、借り入れの実績がなければ、金融機関からの審査がおりて借入できるまでに時間がかかります。

支払い日が決まっていれば、結局は銀行以外の機関から高金利で借りることになりかねないためです。気持ちに余裕を持って事業のスタートを切るならば、手元に運転資金プラスαが必要です。ギリギリの手持ち資金ではじめた途端、日々の売り上げが足りないときに、不安になり、右往左往したり、一喜一憂したり……。その結果、すぐに使えるお金ほしさに目先の利益ばかり追う羽目になりかねません。こうした最悪の状況を未然に防ぐには、しっかりした資金計画を立てて、万全の態勢で一歩を踏み出すことが重要なのです。

10　月次損益計画

最後の項目です。月次損益計画に関する説明です。

▼すべての諸経費が俯瞰できる

開業から1年間に想定される売り上げやそれぞれの経費などを記入します。経費の根拠となるものは、「5．当初運転資金計画」に記入したそれぞれの金額を1カ月分に換算します。

売上高

すでに算出している客単価をベースに日商を割り出し、営業日数を掛けると月商である売上高が算出できます。ここで注意することは、毎月、同じ売上高を記入するのではなく、軌道に乗りはじめる3カ月後あたりからは、成長を示す意味でも5〜10%ずつ右肩上がりになるように考えます。あくまでも計画なので、実際にどうなるかは問題ではありません。

売上原価

すでに記入した売上高に、飲食店の一般的な食材原価である30%を掛けて算出します。

売上総利益

売上高から売上原価を引いた数字が売上総利益となります。

その他の経費

- 人件費↓あなた以外のスタッフ（妻なども含む）の想定される人件費を記入する。
- 地代家賃↓賃借店舗の場合は月額賃料を記入する。
- 事務費↓筆記用具やレジ回りなどの消耗品費を記入する。
- リース料↓厨房機械などをリース契約している場合は月額リース料を記入する。

月次損益計画を記入する

10・月次損益計画（起業後１年間　※開業している場合は、申込み時点から１年間）

単位（万円）

		月	月	月	申込月	5月	6月	
売上高					120	120	125	
売上原価					36	36	30	
売上総利益					84	84	95	
経費	人件費				8	8	8	
	地代家賃				9	9	9	
	事務費				3	2	2	
	リース料							
	光熱水費				5	5	5	
	減価償却							
	広告宣伝				2	2	2	
	その他							
経費合計					27	26	26	
利益					52	53	64	
借入返済		△	△	△	△5.3	△5.3	△5.3	

創業時に著者が使用した書類をもとに作成

・光熱水費↓売上高の５％を水道光熱費として記入する。
・その他↓宣伝広告費や音響設備費などがあれば記入する。
・経費合計↓すべての経費を合計して月単位の経費を算出する。
・利益↓売上総利益から、経費合計と借入返済の合計を引いて算出する。
・借入返済↓金融機関などへの月あたり返済額を記入する。
最後に記入するのは、年間合計です。申込月から12カ月分のすべての数字を記入済みなので、その合算した合計が年間合計となります。

いかがでしょうか。ご自身で書き込んでみて、いろいろと事業計画書づくりの整理ができたのではないでしょうか。この目の前の作業を１つずつこなしていったことで展望が開け、開店という最初のゴールが見えてきたはずです。
お金の話は、商売をはじめるためには避けては通れません。夢の実現に向けて電卓を弾きながら行う「お店の経営をはじめる」うえで大事な作業になるはずです。あなたの頭のなかでふくらむ夢を具現化するために、しっかりと計算して根拠に基づいた数字で事業計画書を完成させましょう。

とはいえ、あくまでも想定される数字なので、開店して落ち着いてきたころに、もう一度、事業計画を振り返ることも忘れずに。

ベースとなる事業計画があれば、売り上げを大きく増やすことには限界がありますが、経費削減や人件費の調整が必要なときに、対応がしやすくなります。毎月の売上高に対して、各種経費が占める割合を「％」で把握できる状態にしておくのも、経営者にとっては大切なチェックポイントです。

第6章

確実に事業の資金調達をする

金融機関との上手なつきあい方・選び方

地域に根ざした金融機関を選ぶ

本章では、資金調達の準備についてお話ししていきましょう。

会社勤めしていたあなたにとって金融機関と言えば、メガバンクと呼ばれる銀行・証券・保険など幅広い金融業務をカバーする大手の金融機関だったかもしれません。会社から給与が支払われるのが、こうした銀行だからです。

カフェ、レストラン、寿司屋のような飲食店をはじめるのであれば、店舗契約をしたあとに、事業用として新たな取引口座を準備しておきましょう。店の売り上げを管理したり、食材仕入れの引き落とし、光熱費の支払いなど、さまざまな場面で生じるお金の出入りを管理するためにプライベートの口座と区分けしたほうがわかりやすいからです。

では、個人事業主としてはじめる場合、どの金融機関で新規口座を開設するのかですが、私の経験から言えば、信用金庫や信用組合がいいと考えています。東京都であれば区単位、地方都市であれば市単位を活動拠点にしているのが、こうした金融機関であり、地域に根ざしたサービスを提供してくれます。

信用金庫は、「全国信用金庫協会」の「お近くの信用金庫店舗を探す」で、信用組合は、「全国信用組合中央協会」の「全国の信用組合一覧」で、近くにある店補を検索することができます。

信用金庫は「地域利用者が会員となってお互いに地域の繁栄を図る相互扶助を目的とした協同組織の金融機関」として、信用金庫法では定められています。基本的に信用金庫は営利を目的としておらず、会員資格は、地区内に住所や居所、事業所がある個人および法人なら従業員300人以下、または資本金9億円以下の中小企業が対象となります。

また、信用組合は、中小企業等協同組合法に基づく金融機関で、「信用協同組合」が正式名称です。預金の受け入れについて信用金庫は制限がありませんが、信用組合は原則として、組合員が対象となる点が異なります。そのため預金をするときも組合員になることが条件なので、ここは注意したほうがよさそうです。

では、組合員資格を取得するにはどうするのかですが、従業員300人以下または資本金3億円以下、卸売業なら100人以下または1億円以下、小売業50人、または5000万円であれば、その対象となります。

こんな理由から、ちいさな飲食店をはじめるならば、あなたが住む、あるいは店を構えるエリアで長年にわたり活動をしている信用金庫や信用組合のほうが、地域事情を踏まえたうえで活動をしているため、口座を開くメリットがあると言えそうです。信用金庫や信用組合以外にも、メガバンク、地銀、日本政策金融公庫、ネット銀行などの金融機関もあるので、最終的にどの銀行から借り入れするかはあなた自身が納得できることが大切です。

金融機関とは、長いつきあいになるという前提で、「地域内で評判がいい」「お店から近い」「行員さんたちの印象がよく、親切である」のはもちろんのこと、困ったことや知りたいことがあったときに相談がしやすいのか、サービス内容の使い勝手がよさそうなのか、自分との相性を見ながら決めましょう。思いあたる金融機関があれば、その店舗を訪問し、実際に自分の五感を使って相性を確認するのがいいかもしれません。

資金調達に向けた準備をする

会社に勤めながら1～2年間にわたり準備をしてから、飲食店をはじめるのを推奨していることは第4章でも触れましたが、飲食店の開業には、まとまった資金（預金だけでなく、借金などの資金調達も含めて）が必要です。信用金庫か信用組合のいずれかにメインバンクを決めたら、無理のない範囲で、開店に向けたリサーチをはじめた段階から定期積立をはじめましょう。いまの会社に在籍中に給料から月額8〜9万円天引きする手続きをしておけば、1年後には約１００万円が貯まる計算になります。

金融機関の担当者は貸付時に、いくらまでならあなたに事業資金を貸すことができるのか、手元資金がどれくらいプールされているのかを見ていることはお話ししましたが、ある程度まとまった資金があれば借り入れもしやすくなるでしょう。

これも繰り返しになりますが、口座に記載されている最新の預金残高が大きければそれでいい、という単純なものでもありません。担当者は、あなたがどのような考えで開店資金の準備をしてきたのか、飲食店を開くことへの熱意や姿勢、計画性を見ています。銀行に出かける数日前に、１００万円を銀行口座に入金したから借り入れができるとは限らないので注意が必要です。

また、借り入れするときの商談の進め方も興味があるところでしょう。具体的には持参した事業計画書を担当者と共有するのですが、なぜ、事業をはじめようと決めたのか、なぜ選んだ仕事が飲食店なのかを相手に伝えます。大事なことは上手なプレゼンをすることではなく、事業をはじめることへの想いを相手に伝えることです。

何も事業概要をスラスラと話せるようにしておく必要はありませんが、できるだけ自分が伝えたいことのモレが出ないように、金融機関の担当者との面接の場を想定して事前に準備をしておきましょう。たとえば、どの順番で何を話すのか、最も伝えたいことは何か、売り上げ目標やどれぐらいお客さんが見込めるのかなど、数字の裏づけなども含めて模擬練習をしておくと面談がスムーズになります。

ビジネスでは、「情報をアウトプットする」という言い方をしますが、自分の考えを言葉にして話すことで考えが整理されます。私の場合は、思い描く事業構想を妻に何度か聞いてもらい、模擬面接官として質問などもしてもらいました。おかげで本番では、寿司屋の店主になることへの思いの丈《たけ》を冷静にかつ、楽しく話すことができました。

自治体の融資制度を活用する

お金に関することで言えば、あなたがコツコツと貯めたお金を一銭たりともムダにしないためにも、余計な金利や手数料は極力払わないようにしたいものです。

金融機関から借り入れするときの金利と審査の条件などを簡単に図表にまとめました

（138ページ）。地銀と信用金庫・信用組合、それぞれのメリットやデメリットを比較して見てください。図表にもあるように金利に関しては、どの金融機関もあまり大差がないようです。とはいえ、借り入れ時の金利を少しでも抑えることは大事なこと。金利の支払いはバカにならないので、ここは納得するまで慎重に進めてみてください。

ノンバンク（消費者金融や信販会社）は審査が通りやすいため、早く借り入れができますが、一度、選択してしまうと金利が5～18％と高く、返済が大変です。

また、ケースバイケースですが、ゼロパーセントに近い低金利でお金を借りる方法もあります。どの自治体にも、地域に住む、あるいは、その地域内で創業するのであれば、事業者を支援する「起業家融資支援」「創業支援融資」という名称の融資制度があります。

国の認定を受けた社労士や公認会計士、中小企業診断士が講師となったセミナーを受講するなどの条件はありますが、この制度の利用ができれば、金利はほぼかかりません。創業を目指す人を優遇したメニューが用意されているので、各自治体のウェブサイトなどに必ず一度は目を通しておきましょう。

実は私も、この制度を利用しました。多くの書類準備が必要とされるため、融資にこぎつけるまで時間がかかりましたが、その甲斐あって金利0・3％という低金利での借り入

金融機関の選び方

メガバンク	
メリット	金利が低め（1~4%）、限度額が高め
デメリット	審査が厳しい傾向
地方銀行	
メリット	メガバンクに比べて審査が通りやすい
デメリット	金利が高め（2~9%）、限度額が低め
日本政策金融公庫	
メリット	金利が低め（0.3~2.8%）
デメリット	審査期間が長い（1カ月程度）、審査がやや厳しい
信用金庫	
メリット	中小企業、小規模事業者融資に前向きなことが多い
デメリット	金利が比較的高めで、限度額に制限あり
ネット銀行	
メリット	金利が低めで融資までのスピードが速い、手続きが簡単、用途も幅広い
デメリット	限度額は低め（500万円程度）、店頭窓口がない

著者調べ／2023年7月時点

れを実現。8年返済で月々約7万3000円プラス金利分。計算してみると金利として金融機関に支払った総額は、8万3000円。1カ月ほどの返済額に相当する金額だけで、700万円の資金を借り入れできました。

葛飾区では、産業経済課経営支援係という窓口で相談できます。葛飾区の場合について説明すると、

〈葛飾区中小企業融資あっせんの流れ〉

①申込者（あなた）が、葛飾区（産業経済課融資相談係）に「融資あっせん申込」をする。
②葛飾区が申込者へ「紹介書等の交付」をする。
③申込者が「申込書類と紹介書」を取扱金融機関へ提出をする。
④取扱金融機関が信用保証協会に「保証依頼」をする。
⑤信用保証協会が取扱金融機関に「保証可否の通知」をする。
⑥取扱金融機関から申込者に「貸付の可否を通知」をする。
⑦取扱金融機関から葛飾区に「貸付の可否を通知」をする。

⑧葛飾区から取扱金融機関に「保証料補助、利子補給（融資実行後）」にかかる手続きをする。
⑨取扱金融機関から申込者に「保証料補助、利子補給（融資実行後）」をする。

私が借り入れをした2013年と違い、2022年から各種要件（住民税の完納、運転資金や設備資金の使途）などを満たして、「特定創業支援等事業（創業塾）」を受講すれば、最大2000万円までを6～8年返済とすることができ、本人が負担する金利がなしという優遇措置が受けられるようになりました。

うれしいことに、本来支払うべき固定金利1・5％のうち1・2％を区が、残りの0・3％を金融機関が負担してくれます（2023年7月現在）。しかも、信用保証協会に支払う信用保証料を30万円まで補助してくれますし、超過分は金融機関が負担してくれます。

借り手にとって夢のようなメリットが盛りだくさんなので、ぜひとも活用したいところです。自治体側としても地域の事業や雇用の創出、事業税などが入るので、メリットがあるのです。ぜひとも積極的に活用しましょう。

また、「起業家融資支援」「創業支援融資」など自治体の支援制度を利用しない場合でも、「産業経済課経営支援係」という窓口で相談するのがおすすめです。事業計画書の書き方、創業に関する各種相談も親身になって一から教えてくれます。取り組みたいことが決まっているものの、その内容を整理しきれていないときなどは、出かけてみるのもいいでしょう。

私の場合は、「技術情報の発信」「事業相談」の実施などを通して葛飾区内の産業の活性化や振興事業をサポートする区内の施設「テクノプラザかつしか」で、中小企業診断士の先生に創業や創業支援融資を利用した資金借り入れについて相談しました。事業概要を紙に書き出し、何度か先生と面接後、事業計画書が現実的なものとなっていきました。

起業場所が区内であること、信用保証協会の保証対象業種であること、住民税などを完納していること、事業経営に必要な運転資金および設備資金であることなど、すべての要件を満たせば、創業支援融資を利用できます。最終的には、事業計画書に書かれた内容が現実的なものとして問題なければ、中小企業診断士の先生のハンコが押されます。借り入れに必要なこの最初の関所である自治体での書類審査でもあったため、金融機関での融資相談などの手続きへスムーズにコマを進めることができました。

このステップをしっかり踏んだおかげで、導き出した数字の根拠が説明できることや、事前に診断士の先生から事業計画書についても合格をもらったことで、あとあと手続きがスムーズになりました。

金融機関で借り入れ時に面談があるという話はしましたが、ここで金融機関へ事業計画書など書類を持参してからの段取りについても触れておきましょう。

①自治体を通さずに直接、金融機関の窓口で相談する。
②自治体の創業融資相談窓口で書類審査を終えている。

この2つのケースについて、述べていくことにします。

まず、①の場合は、金融機関の窓口にある借入申込書に記入します。記入する内容は、氏名、屋号、申込金額、資金の使途、担保や保証の条件、事業計画書などです。事業計画書は、金融機関により専用のテンプレートが準備されているので、窓口で相談してみましょう。自治体の支援融資を利用する場合も同じく、専用の雛形があるはずなので、早めに入手します。

次に、面談の予約ですが、面談日までに借入申込書と事業計画書を完成させておく必要があるので、ある程度、仕上がった段階で予約を入れます。ただし、銀行の窓口では事業計画書の書き方についてのアドバイスはありません。借り入れ申込の手続きをするのが目的なので、記載した内容について、あなたなりに質問に答えられるように事前準備しておきます。

一方、②自治体の創業融資窓口などで事前に事業計画書の書類審査を終えている場合は、持参した書類を提示したうえで、担当者と面談をします。

私は葛飾区の創業融資窓口に何度か通い事業計画書が完成していたので、このプロセスを簡素化することができました。融資担当者との面談時間は、15〜20分ほどですみました。質問されたのは、「前職や経歴について」や「なぜ、この業種で創業したいのか」「メインとなる商品は何か」「事業を通して実現したいことは何か」「自己資金はどのように用意したのか」「事業協力者はいるのか」などでした。

金融機関で面談を受けてから融資がおりるまでの期間ですが、自治体の窓口などで相談をしていない、事前に窓口で相談しているにかかわらず、面接から2〜3カ月ほどかかると言われています。審査は金融機関の融資審査だけでなく、自治体、信用保証協会（保証審査）など、審査機関同士の連携もあるためです。

もう1つ注意したいのは、金融機関から融資を受ける金額についてです。希望した満額は、なかなかおりません。一般的には、自己資金の3倍未満が借り入れ可能額であると考えておけばよさそうです。私の場合は、希望した借り入れ額の約8割（自己資金の約2・3倍）の融資を受けることができました。

こんな話をすると、「事業計画書の準備は大変だし、借りなくていい」と判断する人もいるようですが、たとえ多少の金額であったとしても、この時点で借り入れをしておいたほうがいいというのが、繰り返しになりますが持論です。

事業をはじめてみるとわかりますが、思ったよりも初期段階での出費が増えたり、追加で設備や備品の購入費用がかかったりなど、まとまったお金が必要になることがあることはすでに述べた通りです。健全な店舗運営をするためにも、気持ちの余裕がある準備段階のうちに事業資金の借り入れをするかどうか、そのときに金額はどれぐらいにするのか、などを検討しておくようにしましょう。

全国信用保証協会を利用する

金融機関から事業資金の借り入れをするときには、何らかの担保が必要になります。たとえば、自宅（土地や建物）などの不動産があれば、それを担保にすればいいのですが、担保にするものがない場合もあります。そんなときは、家族や友人などの第三者に保証人の依頼をすることになります。万が一、事業がうまくいかなくなったときに協力者の負担額が大きくなり、迷惑をかけることになりかねないので、できれば避けたいところです。

そんなときのために国や金融機関が推奨しているのが、信用保証協会に保証料を支払ってあなたの債務保証をしてもらうというやり方です。昭和28年から法整備され、この方法をとることが多くなりました。万が一、借入金を返済できなくなったときでも、信用保証協会があなた（事業者）に代わって金融機関へ弁済してくれる制度です。

私も自分の責任がおよぶ範囲内で商売を完結したかったので、21万5600円の信用保証料を支払いましたが、迷わず信用保証協会を利用し、700万円の借り入れをしました。

葛飾区では、かかった信用保証料に対して最大30万円まで補助をしてもらえる制度があるため、数カ月後に銀行口座に、支払った信用保証料と同じ金額が振り込まれました。結果的に、私は1円も払わないで、信用保証の手続きができました。事前に葛飾区の産業経済課経営支援係に相談していたのが、功を奏したのだと考えています。

「金融機関で創業資金借り入れの手続き」をするときにスムーズにするためのポイントについて整理すると、

・口座を開き、頭金と信用を積み立てる。
・金利負担の少ない自治体の融資制度を選択する。
・事業計画書など、必要書類を念入りに準備する。
・手持ち資金にかかわらず、創業融資の活用で有事に備える。
・連帯保証人を探すのでなく、信用保証協会を利用する。

となります。夢に対する想いや事業構想も大事ですが、現実的には資金がなくては事業がはじめられないのも現実です。家族や周りの人たち、そして金融機関が納得できる事業計画書をもとに、計画的な資金調達をすることがまさに、経営者としての大事な仕事です。開業に向けて確実に取り組んでいきましょう。

第7章

「物件探し」「契約」で失敗しないために

予算とコンセプトを決めて臨む

「ジョーカー物件」には気をつける

この章では、物件探しと契約について、くわしく説明していきます。まず、第1章で取り組んだワークをもとに、どんな場所で、どのようなお店をオープンするのか、イメージに合った店舗を探します。

最近は、飲食店の店舗物件サイトや居抜き店舗専門サイトまで多岐に渡る情報がスマートフォンで簡単に検索でき、必要な箇所に希望する「エリア」「業種」「坪数」「居抜き／スケルトン」「家賃」などの情報を入力すると、電車の中でも、お昼休みでも、就寝前でも、どこにいても、簡単に手に入れることができるようになりました。ぜひ、情報を仕入れるツールとして活用したいところですが、検索する際に気をつけたい点が2つあります。

1つめは、不動産会社のウェブサイトで「格安物件」「優良物件」として、「お得である」ことが特に強調されている物件については、すぐに飛びつかないことです。あなたがサイトで見ている物件は、ほかの不動産会社でも扱っていますし、「人の目を引くように強調して宣伝している」のには、何らかの理由があると考えられるからです。

たとえば、長い期間にわたって誰も入らない物件は、その地域の平均的な相場に比べて家賃が高かったり、反対に家賃が低すぎれば何か特殊な事情がある事故物件（殺傷事件など、宅地建物取引業法のルールによって、心理的瑕疵《かし》に相当する物件）かもしれません。心理的瑕疵には、指定暴力団などの事務所や火葬場、ゴミ処理場など嫌悪施設（あまり好ましくない施設）が近所にあるケースも含みます。

事故物件の販売を借り手に隠すことは、宅地建物取引業法47条「故意に事実を告げず、又は不実のことを告げる行為」に該当し、不動産屋には告知義務があります。とはいえ、抜け道として一度誰か（意図的に業者が仕向けた第三者など）が数日でも借りたあとは、事故物件である旨を公表する必要はないなど、線引きが曖昧です。要するに、このように正確な情報が入りにくい物件に関して知識がない人が引いてしまいがちな「ジョーカー物件」は、世に多く出回っています。

良心的な不動産屋と大家はたくさんいますが、こうした「ジョーカー物件」をおすすめ物件として扱っているケースがゼロとは言えません。「建物の見た目がいいから」「すぐに入居できそう」「不動産屋（大家）が親切だから」「相場よりも安いから」ということで飛びついて、契約しないこと。ここは慎重になる必要があります。

2つめは、不動産に関するすべての物件情報がインターネット上に掲載されているわけではないということです。街の小さな不動産屋の扉に「テナント募集」として貼られている掘り出し物件や、実際の空き店舗のシャッターに「貸店舗」の貼り紙がしてあるのを見たことがありませんか。

お店の情報が、店舗物件サイトや居抜き店舗専門サイトに掲載されていないことがよくあります。インターネットでは見つからなかった物件が、街を歩くと見つかることもあるので、「このエリアでお店を開きたい」と思ったら、まずは、出向いてみましょう。いい物件を見つけるためには、しらみつぶしに街（エリア）を歩いてみることが意外と大事になります。

とはいえ、思いあたる街すべてを調べるには膨大な時間がかかりますし、いつ掘り出し物件が出てくるかはわからないという点では、あまり現実的とも言えません。では、どうすればいいのか。まずは、スマートフォンやパソコンなどで検索できる大量の物件情報のなかから、自分にフィットしそうなものを先に絞りこんでおくことです。

そのためには、第5章の事業計画書づくりであなたが希望する「物件のコンセプトを決めておく」ことでしょう。具体的には、

- 出店したいエリアはどこか。
- 家賃の上限はいくらまでか。
- 駅から徒歩で、何分までが希望か。
- 最低、店をオープンするのに何坪あればいいのか。
- 最大で何坪ぐらいまでならば可能か。
- 物件の取得予算はいくらか（保証金なども含む）。
- 居抜き、スケルトンのどちらを希望するのか。

などです。それぞれの項目について、どういう基準で決めていくのかを考えておくことで、実際に物件を見たときに、目移りしなくなります。「これは基準に合っている、基準に合っていない」と分けられる目を持つことが大事なので、実行してもらいたい点です。

「譲れない条件の書き出し」で失敗しないコツ

私自身がそうだったのですが、「この建物は間口が広いのがいい」「ここは窓が大きくて光が入るのが気に入った」など、自分の軸が決まっていないために、違う物件を見るたびに迷いに迷い、結局は決めることができない時期がありました。

仮に「家賃は12万円までなら出せる」と決めていても、あと2~3万円出せば駅に近い物件を借りられたり、建物の間口が広かったり、20万円出せば新築物件が借りられるのがわかると、心理としては背伸びしてでも見た目がいい物件のほうをほしくなるものです。

あなたも希望する店舗について、最初に譲れない条件を書き出して、それを見ながら物件選びをしてはいかがでしょうか。具体的なインターネットでのサイト検索のしかたについてですが、上手に物件を探すためには、たとえば、

「飲食店・最低限・物件・知識・失敗しない」

と、あなたが気になる数個のキーワードを入れます。そこで絞られた条件に希望する地域や地名を入力します。「渋谷」「亀有」という具合です。こうして4~5件の物件に絞り込みます。絞り込んだら、家賃を確認していきます。そのときに、表示されている家賃の総額を見るのではなくて、坪単価に計算し直して見ることが大事なポイントとなります。

計算方法は、

「家賃÷坪数」＝坪単価

となります。ここは物件選びをするときに、絶対に押えておきたいコツです。たとえば、12坪の物件の家賃が12万円と表示してあれば、

「12万円÷12坪」

で、坪単価１万円と計算ができます（立地のよさを優先するパチンコ屋などの場合は、駅前の坪単価2～4万円する高単価で好立地を狙う）。

この順番で物件を比較していくと、地域ごとの平均的な家賃相場もわかってくるようになるので、自分の要望に合う物件かどうかは、比較・検討をしていくようにします。作業を繰り返すなかで、めぼしい物件が決まったら、その情報をベースに実際に不動産屋の扉を叩くわけですが、このときにも注意が必要です。

不動産屋に必ず聞かれるのが、

「どんな物件をお探しですか」

ですが、これに対しては、

「駅徒歩○分以内で、10坪ほどのカフェができる物件はありますか。家賃の上限は10～12万円を考えてます」

と、物件イメージについて数字を示して、具体的に説明ができるようにします。このように、自分がイメージしている店舗情報を言葉にして表現することで、相手は要望に近い物件候補をいくつか提示してくるはずです。これに見合う物件がなければ、少し条件を変えた候補も見せてくれるでしょう。

もし、このエリアに絶対に出店したいと思うのなら、見合うものがなくてもすぐに諦めずに、「名前」と「連絡先」を伝え、「後日、いい物件が出そうなときは一報をください」

とお願いしておくのも一案です。絶対に焦らないことです。

このときに住所や連絡先などの情報を1枚ずつ書くのも面倒なので、事前に「氏名」「連絡先であるスマートフォンの電話番号」「物件希望情報」を書いた名刺サイズのメモを何枚か用意して、立ち寄る不動産屋に渡すのも、ムダな時間を省くこととなりますし、あなたの本気度も相手に伝わります。

物件を探している人は、世の中にたくさんいます。しかも渋谷（東京都渋谷区）や六本木（東京都港区）などの商業の激戦地でもある好立地は、年中、物件の取り合いがあり、貸し手と借り手との間でのかけひきもあります。当然のことですが、好立地の物件はなかなか空きが出ません。大手の飲食チェーンならば家賃が多少は高くても、ほかの店舗とのバランスで採算が合えば宣伝目的も兼ねて、店舗を置いているときもあるからです。

不動産屋から見れば、ちいさなお店のオーナーになろうとするあなたは、「いちお客さん」という位置づけですが、弱気になることはありません。相手のペースに巻き込まれず、これから起業する経営者として自分を主体として考えて、決断していくことが大事です。

どういう立地でどのようなお店を開きたいのかは、あなたが決められる立場なのだと自信を持って、「ここだけは譲れないという方針」は曲げず、自分の考えはきちんと伝えていきましょう。そのためにも事前学習と予備知識は大事であり、軸となる希望条件を確定させておくことが、大切になります。

私の場合、すでに紹介した葛飾区の創業融資制度を活用することを決めていたので、区内起業が条件だったこともあり、「葛飾区内」と「商店街」という条件だけは譲れないと決めました。そして区内の商店街を自分の足で見てまわり、葛飾区高砂の商店街に位置している現在の物件と巡り会いました。

この物件は数日前にテナント募集をはじめたようで、どの飲食店舗検索サイトにも出ていませんでした。まさに物件は生きものであり、常に流動的であると感じた瞬間でした。事前に条件やコンセプトを決めていたおかげで、翌々日には手付金を払い、仮契約しました。

不動産業界では、手付金を払って物件を押えないと、他の人が先に契約しても文句は言えません。手付金の目安は家賃の1カ月分。仮にライバルが現れ、より高い家賃でも借りたいとなれば、大家はあなたに賃料の2カ月分を払うことで契約を破棄できます。

反対に手付金を払い物件を抑えているあなたが、違う物件に目移りし契約を破棄したい場合、預けた1カ月分の家賃を放棄することになります。手付金を払い物件を抑える場合は、より慎重に考えましょう。

場の雰囲気に呑まれず、案件は一度持ち帰る

不動産屋でよく耳にするセールストークは先ほども述べましたが、ほかにも、

「こちらは人気物件なので、すぐにでも決めてもらわないと……」
「今日にでも手付金を払いにくる人がいるのですが、よろしいですか」
「いまの電話は、こちらの物件の内見希望者でした」

などがあります。本当に人気のある物件は、不動産屋で表に情報が出る前に誰かが仮予約をしていることもあるので、水面下で契約が進んでいることがよくあります。

募集広告を作成し、不動産屋の店頭などに貼ってあるものは、掲示してから時間がたっ

ていることが多いと、私は考えています。もし、不安に思うなら、数日たってから同じ物件を見に出かけてみてください。その物件が残っているケースが意外に多いものです。

ですから、「これだ！」と思える物件があり、不動産屋と話が盛り上がったとしても、その場で衝動的に契約するのは避けましょう。どんなに気に入っていたとしても、話を一度持ち帰り、

- 家賃などは予算の上限を超えてないか。
- 駅近を希望していたが、かなり離れた寂しい場所ではないか。
- 担当者と意気投合したことで、その気になっていないか。

などを家族や信頼できる人に相談をしながら、冷静に考えます。相談しても、自分の心が揺るがず、あなたの示す条件を物件自体がクリアしているならば大丈夫。ただし、すぐに不動産屋に連絡するのではなく、もう一度、近隣商店の状況などを歩いて観察します。

街を歩くなかで新興住宅街なのか、学生街なのか、旧市街地なのかなどを確認します。

もし、希望する物件の近くに商店があれば人の往来も盛んなはずなので、ターゲット層の

集客ができそうなエリアなのかを思い起こしながら、頭のなかを整理してみましょう。

さらに、街を行きかう人たちの様子（年齢や性別、あるいは服装や持ち物など）や自転車が通る動線を見たり、店の前をどれくらいの人が歩いているのか、平日と週末、昼と夜の人通りはどれぐらいあるのか、すべてのケースを確認しましょう。

近隣に競合店があれば、営業時間や定休日などをメモしたり、実際にお客さんとして店内に入れば、お店の雰囲気や売れ筋メニューの値段帯や客層など、さまざまな情報を得ることができます。

値引き交渉は契約前にしてみる

ふさわしい物件が見つかれば、次は契約になります。この段階ではすでに月額家賃、保証金、前家賃、当月家賃などを含めた物件取得の総額費用をあなたが理解して納得しているはずです。とはいえ、断られることを覚悟のうえで、月額家賃を1～3万円でも安くできないかを不動産屋に相談して、大家に確認してもらいます。大家によっては、値引き交渉がある前提で、若干高めに金額設定しているケースもあるためです。

もし、3万円でも家賃が安くなれば、年間で36万円ものお金が節約できますし、1万円

でも年間12万円なので、大きな金額です。ですから、不動産屋や大家の言い値ではなく、

「これから長いおつきあいをしたいと思いますので、ご考慮いただけませんか」

などと上手に相談してみましょう。

私のことを言えば、交渉の結果、家賃を月額1万円下げていただき、年間にして12万円の負担を減らすことができました。そろそろ開業から10年になるので、3年に一度支払う更新料（家賃の1・5カ月分）を含めると約125万円、得したことになります。

物件の契約内容を再確認する

あなたの希望条件や予算内に収まる物件が見つかれば、待ちに待った契約に移ります。

「いよいよお店を開く」と思うだけで、ワクワクするものですが、ここは冷静になって事業計画書の内容と照らし合わせながら、契約内容を再度、確認していきます。

本当にあなたがやろうとしている商売に適したエリア（物件）か、物件取得費用は予算を超えていないか、多額の保証金を預けても運転資金は確保できているか、何となく消去法で仕方なく決めた物件ではないのか、工務店の見積もりに本当は納得していないのではないか、など不安要素を取り除く意味でも契約前の確認作業がとても重要です。

一度契約をすると、多額の費用が動き出します。大事に貯めてきたお金を投じるわけですから、それに見合った調査、確認、決断が求められます。

固定費となる家賃は、一度決めたら、その変更は容易ではありません。最初の物件選びで、人生の方向性が決まると言っても過言ではありません。物件の契約は、とても重要な手続きです。事前の準備や知識の習得、熱意や努力などでこのような失敗を招かないように準備することはできます。落ち着いて、契約に進みましょう。

契約前チェックリスト

〈物件編〉

- 契約する物件は希望に沿った内容か。
- 管理費などを含めた月額家賃は周辺相場と比べて適正か、予算内か（周辺相場のおおよそ80～110%に収まっているか)。

- 物件取得総額(前家賃、本家賃、保証金、敷金、礼金、保険料、仲介手数料)は予算オーバーしていないか(月額家賃に比例して総額も変動するので、1万円でも値引き交渉をしてみる)。
- 退去時も費用がかかる原状回復義務はあるのか(必ず契約書に記載されているので、確認する)。
- 店舗保証人は誰にするのか(他人は保証人と聞いただけで身がまえるので、身内が無難。借金の保証人ではないので、よほどのことがない限り迷惑はおよばない)。
- 契約年数、普通借家契約か定期借家契約、更新料などを確認したか。

普通借家契約は基本的に契約を更新できる内容で、解約を希望しない限り引き続き商売を続けられる。ほとんどの物件は普通借家契約なので、こちらを選ぶ。

定期借家契約は契約期間が終了すれば、また新たな条件で再契約しなければならない。場合によっては大金をかけてつくったお店も契約満期の3年で閉店を余儀なくされ、違う土地で1からはじめなければならないため注意する。どちらにしても、大家とは良好な関係を築くのが大切。

- フリーレント期間はあるのか（契約することを前提にして、フリーレント期間の有無を相談する）。

〈そのほか〉

- 事業計画書を作成する。
- 資金借り入れの準備をする。
- 工事業者選定と見積もりの確認をする。
- 近隣商店や店前通行量などの事前調査をする。
- 改装工事をはじめる時期の確認をする。

新たな挑戦は不安だからこそ、準備は入念に

振り返れば、私もこの時期が不安のピークでした。金融機関から希望金額を融資してもらえるのか、融資されたとしても果たして返済ができるのか、などが頭のなかをよぎったためでした。親から順調な事業を引き継ぐケースでなければ、事業をはじめるということ

は、ある程度のリスクを背負うことになります。

飲食店や会社を創業する人が必ず一度は通る道です。その不安を解消するにはどうするのか。

とにもかくにも、入念な準備が必要になります。そうすれば、自信も芽ばえてくるものです。それでも不安な気持ちがふくらむのであれば、あえて考えないようにしてみるという選択肢もあります。

当時、私もお店のことを考えていると不安な気持ちが募るばかりでした。工事中の準備に忙しい時期でしたが、心を整えるために、時間をつくって家族と旅行をしたり、雑誌で見た人気のある飲食店などの食べ歩きをして、気持ちがポジティブになるように自分を仕向けていました。おかげさまで開業から10年がたち、地元である高砂周辺のお客さんに受け入れられ、商売も軌道に乗っています。

振り返ってみると、飲食店として成功する可否は、**開業前の取り組み次第で9割が決まる**と感じています。ふたを開けてみるまではわかりませんが、成功している店はしっかりと準備に時間をかけてはじめています。毎日の営業前の仕込みと同じく、開業前こそしっかりした準備が必要不可欠なのです。

失敗例から学ぶ準備することの大切さ

参考までに、準備を怠った私の知人Aさんの失敗例を紹介しておきましょう。Aさんは勤めていた会社を退職してから物件を探しはじめたのですが、希望の物件がなかなか見つかりませんでした。

このように退職後に開業の準備をはじめたAさんは、安定していた収入が途絶え貯蓄が減っていく不安感のなかで、新宿の駅近であるものの、悪条件（路面店よりも不利な3階にあり、坪単価も相場以上、洋食屋の居抜き）とわかっていながら、その物件で天ぷら屋をはじめることにしたのでした。

月々の高額な家賃に加え、最初に保証金として家賃の10カ月分を預けたので、物件取得費だけでほとんどの自己資金を使ってしまったのです。そのため改装する資金的な余裕もなく席数も少ないうえ、家賃に見合う売上が立たず手持ち資金が底をつき、残念ながら契約満期の3年で閉店を決意しました。

このケースがうまくいかなかった理由を私なりに整理すると、

- 事業計画書などの開業に向けた準備や、「経営者」になるためのマーケティングやリスク管理などの勉強を軽視した。
- 退職後に物件探しをしたため、金銭的にも心理的にも余裕がなくなり、冷静な判断ができなかった。
- 期待した売り上げが見込めずトントン状態（赤字ではないが利益も出ない）で、意欲が低下した。
- 雑居ビルの3階という悪立地を補完する宣伝広告費が確保できていなかった。
- 洋食屋の居抜きを購入したわけだが、改装もしなかったために天ぷら屋としてお客さんから認知してもらえなかった。

このように、生命線となる運転資金の確保や改装費、宣伝広告費など、すべて自己資金でやりくりしようとすると、スタート時点からカツカツの状態になります。つまり、お店の経営を圧迫します。

Ａさんの職人としての腕は一流で料理はとてもおいしかったのですが、経営者として必要な基礎知識や、もろもろの準備が不足していたのだと思います。飲食店で長年勤めていた職人が陥る「腕と経験があるからうまくやれるだろう」という過信が生む典型的な失敗パターンです。

もし、会社に勤めながらしっかりと時間をかけて事業に必要なことの準備をし、手持ち資金とは別に開業資金を低金利で借り入れ、焦らず物件を探す。そして、満を持して開業していれば、状況は大きく変わっていたことでしょう。

腕がある職人だけに、お店の運営がうまくいっていた可能性は大いにあります。「一流の職人が一流の経営者になる」とは限らないことを私自身が学びました。

第8章

夢だったお店をオープンする

粘り強さが飲食店経営を成功させる

改装工事とレイアウト作成は妥協しない

無事に希望にそう物件を手に入れたことで、いよいよ念願の飲食店のオーナーとして第一歩踏み出すことになるのですが、これからどんな雰囲気のお店にしていくのかは、あなた次第です。ぜひ、自然にお客さんの足が向く、そのようなお店になるようにしたいものです。

まず、物件が決まったら工務店か内装業者を探します。知り合いがいれば、その人に問い合わせるのがいいでしょうし、いない場合でも物件を仲介した不動産屋に相談すると、工務店や内装会社などを紹介してくれるケースがあります。また、インターネットで検索をして物件エリア内の内装会社を検索してみるのもいいでしょう。

ただし、相性がよさそうな工務店や内装会社が見つかったからと言って、その場で発注しない冷静な判断も求められます。正式依頼する前に、数社の会社に見積もりをとるようにします。そのときに、あなたがどのようなお店にしたいのか、具体的に内装会社にきちんと伝えられるように、準備もしましょう。

見積もりを取り寄せる作業は、思ったよりも手間がかかり面倒ですが、ここは丁寧に取り組みたいところです。完成したときに、あなたが使いやすく、納得できるお店にするための大事なステップだからです。

たとえば、寿司職人ならこだわりたい空間にツケ場（板前が寿司を握る調理場）があります。板前が動きやすいように身体のサイズに合わせてつくりたいところですが、吊り戸棚が高く設置されていたために、食器やラップ類などが取りにくく、毎回、苦労しているという話を聞いたことがありました。

客席から見たときに棚が見えないほうが店内はすっきり感じますし、おしゃれな内装に仕上げたい内装会社の考えもわかりますが、使い勝手の悪い調理場は、板前の作業効率が落ち、肉体的な負担だけでなく売り上げの減少にもつながりかねません。

お店の印象のよさとどちらを優先させるのかは、依頼主のあなたが事前に決めておくべきことです。もし、イメージがわかないようであれば、飲食店を営む友人や行きつけのお店に、使いやすい作業台の高さ、動線などを相談してみるのも、ひとつの手です。

つくりたいお店のイメージが明確になってきたら、いよいよ内装会社に、見積もり依頼をします。見積書ですが、工事の作業工程や作業内容、項目ごとの単価などが記載されていますが、1社から見積もりをとったら、それを雛形として3〜4社からもとります。基準値をつくることで、内装費用の相場を知ることができます。最低でも3社から同じ内容で相見積《あいみつ》もりをとります。

あくまで目安ですが一般的な店舗改装費用は、スケルトンの場合は坪あたり40〜60万円、居抜き物件の場合は坪あたり25〜45万円です。スケルトンとは、前のテナントが使用していた設備や什器などがなく、建物の骨組みだけになっている物件のことです。一方、居抜きは、前のテナントが使っていた設備や什器などをそのまま使用が可能な物件、もしくはそれらのものが残置されている物件です。

内装工事は、費用をかけようと思えばいくらでもかけられ、立派に仕上げることができます。しかし、予算があっての工事であり、かけた改装費も回収しなくてはいけないので、予算を超えた初期投資は絶対に避けましょう。

そのためには、改装でどこの部分にこだわりたいのか、費用をかけていいのかについて、あなたなりに優先順位をつけます。優先順位が低い項目については、どこまで坪単価を抑えるのか、内装会社に具体的なイメージを伝えながら進めていくのがコツです。たとえば、お客さんの手が触れないところ、見えないところなどの費用を抑える工夫で、予算内に収めてみましょう。

「寿司ダイニングすすむ」のことを言えば、前のテナントが洋服店ということもあり、試着室と化粧室しか造作がなかったので、思い切ってスケルトンにするところから工事をはじめました。開店日はすでに決めていましたが、工事期間と費用をしっかりかけて店をつくり上げたいと考えていたため、開店予定日がずれ込むことは気にせずに納得のいく内装工事を最優先することにしたのです。その結果、最終的には予算オーバーの650万円という費用がかかりましたが、近所のお客さんからは、

「立派な内装に仕上げたものだね。ここが洋服屋さんだったとは思えない」

と驚かれます。一般的に、改装工事に多額の資金を投じることは、投下資本回収の視点から見れば、おすすめできません。開業費用のなかでも改装工事が一番高額になることがほとんどだからです。開業後にはじまる毎月の返済負担もなるべく軽いほうが運営もしやすいはずです。しかし、そう何度も飲食店を開店するわけではないので、中途半端な工事をして後悔しないように、妥協せずに資金を投じようと考えました。

お店が完成する直前の様子 ── 工事前の店内の状況

（同角度より／著者が撮影）

逆を言えば、その工事費用を確保（自己資金不足や信用不足で金融機関から資金調達）できない場合は、そもそも商売をはじめるべきではないです。

思いつきや無計画ではじめるのではなく、しっかりと時間をかけて計画を練り開業することが、創業経営者として成功へ向けた第一歩となるのです。

居抜き物件についても説明しておきましょう。

居抜きは、改装費用を最小に抑えたいときに便利です。ただし、注意することとして、冷蔵庫などの厨房機器はなるべくリース契約でもいいので新品を設置しましょう。居抜き物件の場合、以前、各種機器をどれくらい使用していたのか、その状況の把握がむずかしいため、設備が突然、故障する可能性も否めず、不安があるためです。また、以前のお店が営業していたころの食材の匂いが冷蔵庫に残っていれば、徹底的に掃除をするか、結局は、新たに購入も検討せざるを得ないというケースもあります。

開店後の厨房機器の不具合は、すでに契約したあなたが処理しなければならないことを念頭に判断していきましょう。

もし、業務用の冷蔵庫の入れ替えをすると決めるのであれば、数日間、お店を休むことも想定しておきます。大型サイズであり、手配から搬入まで思ったよりも時間を要するからです。

可能であれば、不動産屋との契約時に、前のテナントが使用していた冷蔵庫など古い厨房機器が残っていたら、撤去してもらうように大家に交渉しておけば、入れ替えの手間も時間も短縮できます。

あなたなりに、スケルトン物件と居抜き物件との違いについて整理できたことでしょう。

厨房機器はインターネットで安く新品を揃える

「寿司ダイニングすすむ」はスケルトン物件を選んだことに触れましたが、ここで厨房機器を揃えるときに、私なりに工夫をした点も説明しておきます。

冷蔵庫をはじめ、寿司ネタケース、冷凍ストッカー、製氷機、埋め込み式エアコン、シンク各種、パイプ棚などは、厨房機器専門のサイトで、半額から最大80%オフですべて新品のものを購入しました。

価格は安いもののデメリットもあり、店前下ろし（トラックの荷台から店前に下ろすだけ）の場合がほとんどで店内までの搬入サービスを行なっていないという点です。大きくて重さもある厨房機器は1人では運べないので、手伝ってくれる友人や知人に一声かけておくのも一案でしょう。私の場合は、配達時間を工事作業中の時間帯にすることで、大工さんに搬入から設置までを手伝ってもらいました。

寿司屋に不可欠なネタケースやコールドテーブル（魚介などを保管する足元の冷蔵庫）も、故障をしたときのことが心配になり、購入後、メーカーの保守点検契約を結びまし

コールドテーブル搬入作業の様子 —— 新品の厨房機器

（著者が撮影）

た。しかし、実際に商売をはじめてみて2年でこの契約を解除しました。

なぜ、こうした判断をしたのかと言えば、もともとネタケースやコールドテーブルなどの消耗品は安く購入しています。万が一、壊れたとしても、10～15年間、使用できればその都度、新品を購入したほうが合理的であることに気がついたからです。

実際は、「寿司ダイニングすすむ」を開業したときに購入したネタケースやコールドテーブルなどのすべての厨房機器は使用してから10年になりますが、定期的にフィルター掃除を行うだけで、問題なく稼働していて快適です（新しい厨房機器が必要になったときに、慌てずにすむように購入のための積み立て準備もしています)。

店舗契約をしたあとは、家賃が発生するので何かと物入りです。厨房機器などは少しでも安く新品を手に入れる工夫はとても大事です。

家賃のことに触れたついでにお店を開いて数カ月間に必要となるお金についてもお話ししておきましょう。繰り返しになりますが、家賃は最初に必要になるお金であり、工事期間なども含めて売上がない状態で支払います。一般的には、開店前に支払う家賃を「空《から》家賃」と呼び、契約後3~6カ月分は必要になると覚悟しておいてください。

私の場合も5月に物件を見つけ、8月に不動産屋と店舗契約をして、11月に開店しました。大家さんのご好意により、契約してから最初の3カ月間の家賃はサービスしてもらいましたが、通常は契約した瞬間から工事期間も含むすべての期間に家賃が発生します。工事期間中は売り上げゼロですが、私のようにこうした大家のご好意による「フリーレント期間」という制度を利用すると支出を抑えることができます。「義務」ではないので確認が必要です。

この制度は、突貫工事ではなくしっかりしたお店をつくり、長く借りてほしいという大家側のメリットにもなります。改装されたお店が大家にとっても資産になるためです。

「フリーレント」についてぜひとも、不動産屋を通して大家に相談してもらいましょう。

私の場合も物件を確定させてから開店までは約半年ほど時間が必要になりました。周りの飲食店経営者に聞いてみると、オープンまでに長くかかったほうではないようです。開店後も仮に3カ月間、お客さんが来なくても廃業しないように最低でも3カ月分の運転資金を確保すべきと言われています。しかし、日本政策金融公庫の調査によると、約6割の企業が飲食事業を軌道に乗せるのに半年以上かかっているというデータもあります。

安全ラインとなる運転資金確保の目安は、半年分ということを頭に入れて、準備に向けて動くようにしましょう。しかし、借り入れ審査の段階で半年分の運転資金をまるまる調達するのは、ほぼ不可能です。3カ月分は自己資金で確保して、残りの3カ月分を融資として調達するのが現実的（運転資金とは、固定費〈売り上げに関わらず支払額が変動しない費用のこと〉となる家賃、最低限の仕入れ原価、人件費、各種保険料、固定契約料〈水道光熱費の基本使用料や、厨房機器リース料、USENなどの音響機器使用料〉を含む店舗運営していくために必要な経費）です。

飲食店の場合、売り上げが発生するまでに多額の初期投資が必要となります。主な初期投資と言われるものが、内装工事費用（一般的に坪数×60～80万円）、物件取得費用（賃料の10カ月分前後）、厨房設備購入費用、備品購入費用、食材仕入れ費用など、売り上げが発生する前に購入や支払いをするものがそれにあたります。

出店地域に多少の差はありますが、私の場合もすべてを合計すると、約１１００万円かかりました。融資決定を受けて、実際に口座に借入金７００万円が振り込まれたのは、何と開店してから1週間後でした。振り返ると工事中から開店するまで融資のことが気がかりで、ずっとハラハラしていたと思いますが、どこの飲食店オーナーも、みんな同じ道をたどっているようですが、ここはその一線を乗り越えて初めて見えてくる景色もあるので、不安を上手に解消して、計画的に進めていきましょう。

レイアウトは売上予測をして決める

ここでは、オープンに向けて必要な準備をしていくときに役立つ、飲食業界の基本的な考え方「あるある方程式」を紹介していきます。

まず、飲食店の月商の出し方は、

「(座席×回転数)×客単価×営業日数」

で計算します。たとえば、「寿司ダイニングすすむ」では、事業計画書の1年目の売上目標が3000万円だったので、月商は、「(座席×回転数)×客単価×営業日数」式にあてはめて250万円というように設定しました。

また、内装(壁紙、椅子やテーブルなどの調度品)、厨房機器、お皿などの備品などはここから導き出された数字に沿って、適切な数字を割り出し決めていきました。

ここで具体的に「座席」「回転数」「客単価」「営業日数」は、どのように組み立てればいいのか、説明しましょう。座席数を決めるときは、あなたがやりたい業種、出店エリア、客単価にふさわしい係数を坪数に掛けて算出してみましょう。たとえば、

- 専門的な高級レストラン(坪数×1席)。
- ほどよくリーズナブルな寿司屋、居酒屋など(坪数×1・5席)。
- カフェや大衆居酒屋など(坪数×2席)。

などです。

▼座席

席数は売上に直結するので、飲食店にとっては、大事な項目なのですが。再三触れてきましたが、店舗坪数に対する座席数の基準として効率がいいのは、「坪数×1・5席」だと言われています。たとえば、10坪の場合であれば、15席になります。

もちろん、もう少しお客さんに入ってほしいと思えば、10坪のお店で20席の席数にすることは可能ですが、そうすると席と席の間がどうしても狭くなり、お客さんが窮屈に感じてしまったり、フロアスタッフのサービスが回らなくなります。

逆に、10席だと体が大きい人もゆったり座れるものの、席数が少ないという点で、1席あたりの客単価を上げなくては目標売り上げに届かなくなります。たとえば、15席で客単価3000円と想定していれば、10席に減らすと単純に1・5倍増の客単価4500円に設定する必要があります。

最終的にあなたがやりたいお店のスタイルに応じて席数は決めればいいのですが、机上だけでなく、完成してからのお店のイメージを事前に把握しておくことも大切です。そのためにモデルとなりそうな繁盛店があれば、実際に足を運んで、席数を目で見て確認しましょう。同時に、お店のオーナーになったつもりで、自分だったら坪あたりの席数をどうするだろうか、と頭のなかでシミュレーションしてみるのも、飲食店の経営感覚を身につける練習になります。

気になるお店を調査していたときに私が実践していた「坪あたり客席数の調べ方」は、まず店舗の坪数を割り出すことでした。おおよその店舗は「間口」（お店の前にある通りに面している店舗幅の意味）は、二〜三間《けん》です。「一間」とは建築業界で昔からよく使われる尺貫法で、約1・8メートルです。

木造家屋ならなおのこと、尺貫法に基づいて一寸（約3センチ）、一尺（約30センチ）、一間（6尺）などの単位刻みで設計、建築されています。引き戸の出入り口扉はおおよそ半間（約90㎝）でつくられているので、間口が扉の何枚分に相当するのかを見るだけでも計算ができます。

次に、間口に対して直角方向を指す「奥行き」です。この間口と奥行きを掛けると坪数が算出されます。たとえば、「寿司ダイニングすすむ」の場合、間口2・5間×奥行き5

座席数を決める

椅子の下には荷物が置けるスペースを用意。お客さんから重宝されている。

間＝12・5坪となります。同時に店内の客席配置などを見て、ゆったりした席間か、逆に少し窮屈なのか、直感で判断します。

逆算方法としては、客席数を数えてから、店内がゆったり気味ならば1・5で割る。窮屈気味ならば2で割ると、おおよその店舗坪数が算出できます。いまでも私は外食する際に、目測で間口×奥行きで坪数を割り出し、その地域の平均坪単価を掛けて、新築か否かで係数をさらに掛けたり、調整してから勝手に家賃を計算しています。慣れてくると感覚で坪数も割り出せるようになるので、とてもおもしろいです。

▼回転数

回転数とは、1日に何人のお客さんが同じ椅子を使用したかということです。仮に15席ある店に45人来店すれば3回転したことになります。15席あるとは言え、いつも15席が満席になるとは限らず、4人がけテーブルに2人座るときもあります。「満席」と「満卓」は違います。

そこで約70％の席が埋まる基準値を基に客席稼働率という言葉もあります。15席×70％＝約10席が実際の客席稼働数となります。

▼客単価

客単価の求め方としてシンプルな方法は、1日の売り上げを来店客数で割り出すことです。1人のお客さんがいくら使うかは、重要な数字です。開業前の場合、実績がないので、メインとなる商品にワンドリンクをつけた金額でも可です。ランチタイムに限定して計算する際には、Aランチ、Bランチなどいくつかあればその平均金額でも算出できます。

▼営業日数

通常は1カ月に何日営業日があるのかを意味します。週1回の定休日を設定すれば、1カ月に平均で約25日です。土日休みの店舗の場合、約22日となります。飲食店経営は、長期に渡るマラソンのようなものです。持続可能な営業を目指して定休日を設定して週に1度は休むことをおすすめします。

そして月に一度は連休をとり、気分転換にあてるのも長続きの秘訣です。「不定休」としているお店がたまにありますが、お客さんからの信用を得るため、そして何より仕事のペースを定着させる意味でも定休日の設定が望ましいです。

「飲食店のあるある方程式」を図表にまとめてみました。ぜひ、参考にしてください。

ここに注目！　**飲食店あるある方程式**

▼数字のセンスを磨こう

月商の算出方法

＝（座席×回転数）×客単価×営業日数

客単価の算出方法

＝売上÷客数

客席稼働率

＝客席数×0・7（15席ならば10席と計算する）

平均的な客席数

＝坪数×1・5（10坪ならば15席まで）

内装工事の依頼をする

内装イメージが描けたら内装工事の依頼をします。工務店や内装会社に依頼するのですが、工務店とは、主に大工を抱え設計から材料の手配などを一手に引き受ける会社のことです。

そして、大工仕事だけではなく、電気工事、ガスや水道設備工事、看板工事、クロス貼りなどさまざまな専門業務を手配したり、管理する中心的な役割を担うマネジメント会社です。

内装会社とは、内装デザインや設計だけを行う会社（ブランディングや導線も考えた提案がされるため、質の高いデザインが期待できる。ただし、時間がかかる可能性もある）や、設計から内装工事までトータルで請け負う設計施工会社（空間の設計と施工を自社でトータル的に行うため、スピード感が期待できる）もあります。

ここでは工務店と内装会社の選び方とつきあい方について説明しますが、

- 契約する不動産屋にまずは紹介してもらう。
- 自分で探す際には、飲食店の施工経験豊富な会社を選ぶ。
- 遠くの安い会社より近くの便利な会社とつきあう。

工務店や内装会社は先述した通り、契約する不動産屋に相談してみましょう。つきあいのある先を紹介してくれるはずです。自分で探す際にも、なるべく地元に根ざした会社のほうが近所のため、開業後の手直しや修繕依頼の際にも便利です。インターネットで探す場合には、飲食店の施工経験が豊富な会社を選ぶべきです。施工事例がウェブサイトなどで確認できる場合は参考にします。

相見積もりをとる際には、まずは本命となるこの紹介された会社のものを軸として、第二候補、第三候補と比較検討するのが望ましいです。予算内であれば多少の差額があっても、町内や近所の業者のほうが長期的な視野で見た場合、結果的にメリットが多いようです。

近所の会社の場合は、手抜き工事などの下手なことはできにくいはずです。工務店や内装会社とのつきあいはお店をつくれば終わりではなく、高所に取り付けてある看板の電球交換や冷蔵庫の買い替え時など商売を続けていくために必要なパートナーです。そのため、遠くの安い会社よりも、安心して任せられる近くの会社を選んだほうが便利です。

工務店や内装会社とのつきあい方

創業後何年かすると修繕が必要になったり、よりよい店内環境にするための工夫が求められることもあります。現に私もコロナ禍の際に、玄関入り口に取りつける網戸設置工事や小上がり席に窓を復元する工事を同じ工務店にお願いしました。

工事を円滑に進めるために大事なことは、工事中もこまめに現場に足を運び、大工さんや職人さんとうまくコミュニケーションをとることです。現場でしかできない微調整や細かい変更などもすぐに対応してもらえますし、現場の職人さんの判断だけで工事を進めることを阻止できるためです。

実際、私も工事が進むにつれて、できあがっていく工程を見ていたからこそ、より使いやすいように即興で大工さんに修正してもらった箇所が結構ありました。私は大工さんたちに飲みものの差し入れをしたときに気になることがあれば、その場で質問をして、説明を受けながら工事を進めました。そのおかげで思ったような内装にすることができました。また、工事段階ごとに記録としてスマートフォンで写真も撮っていたことが、コロナ禍で換気のために小上がり席に窓を開ける必要になった2年前に功を奏し、窓枠の位置決めを的確に行うための資料として役立ちました。

工事総額がすでに決定していたとしても、現場でのさまざまな微調整や細かな変更などで工事予算をオーバーすることがあります。そのときは些細な変更だと思っても、その都度、金額の変更はないのかなども確認しましょう。追加にならないためにも、自分がつくりたいお店の内装費用の相場と、そのイメージをできるだけ明確しておくことも大事です。参考までに業態ごとにかかる内装工事費用は、

- カフェ——20万～40万円が目安。
- 寿司屋——35万～70万円が目安。
- レストラン—30万～50万円が目安。

（すべて坪単価）

となります。しかし、水回りやガス管など、もともとの設備がある場所に改装工事をするのか、何もない場所に新築工事をするのかによって大きく変動します。飲食店の居抜き物件だとしても、厨房の位置を変えるだけで新築工事に近い費用が必要になります。

「寿司ダイニングすすむ」の内装費用の見積もりは当初450万円だったので、坪単価36万円でした。（当初、用意した費用は450万円）。しかし、工事が終わってみると、650万円（坪単価52万円）まで増えたので、追加の200万円が必要になりました。

新たに追加借り入れをしなければならず、それも借り入れ先の信用金庫に追加融資の相談をしたところ、すでに予定していた700万円は融資されていたので、担保がない追加融資はおりませんでした。

結局は、工務店に頭を下げて分割返済を相談することで乗り切れたのですが、そのときの忸怩《じくじ》たる思いはいまでも忘れられません。開店から順調だったおかげで、無事に3カ月ほどで工務店への返済が終わりましたが、私の確認不足が大きな代償を招いたことを忘れずにいます。その結果、工事費用650万円、什器や厨房機器300万円、物件取得費用40万円、仕入れやその他の諸々含めて総額1100万円ほどかかりました。

私のように必要以上の費用を内装費のために払わなくてすむように、おすすめは借り入れに際しては手数料負担や金利など細かくチェックすることです。そうすることで、うまく自治体の融資制度を活用できますし、早く商売を軌道に乗せられるようになります。

内装費用を予算内に収めるための大事なチェックポイントは、以下の通りです。

- 予算を相手に伝える。
- 見積書を確認して追加工事がないか、確認する（必要不可欠な工事を見積書に入れない悪徳業者もいる）。
- 工事中も再三、予算オーバーしていないか確認する。
- 予算が超えそうで開業後にできる工事部分は、軌道に乗ってからにする。

オープンに向けてメニューを考える

▼食材を揃える

店舗工事と平行して進めたいことに、食材の仕入れ先の確保があります。このときに最初からよい食材をできるだけ安く仕入れよう、というように完璧を目指すのではなく、徐々によい仕入れ先を見つけようというように「当初は割高の仕入れになってもいい」と割り切ることも大事です。開業当初は、原価率よりも店舗運営を軌道に乗せるほうが重要だからです。無理をせず、できることからはじめましょう。仕入れ先としては、

- 近所の商店（八百屋、米屋、酒屋、肉屋、パン屋）
- 大手業務用スーパー
- 大手スーパー
- 市場、専門卸業者
- 生産者直送（農家、漁師、畜産）
- AmazonなどのＥＣサイト

が想定できます。その第一歩として、あなたのお店で必要になる食材リストの一覧を作成し、調達可能な店舗などを調べてみましょう。このときに優先させたいのは、ほしい食材の安さよりも、調達のしやすさです。

近くのスーパーより少し離れたスーパーのほうが、ほしい食材が全体的に安いからと遠くのスーパーまで買い出しに行くのは避けましょう。スーパーに行くまでに片道20分であれば、往復で40分、それに買い出しする時間を足せば1時間は必要になります。

忙しいなかでの買い出しは、体力的にも負荷がかかります。お店の運営にも慣れてくれば、だんだんと仕入れ値段の相場もわかってきますし、同業者から仕入れルートの紹介などもあり、場合によっては配達してもらえることもあります。ここの体制が整ってから原価を意識しても遅くはありません。あなたの体力の温存と、来店されたお客さんに喜んでいただくことを第一に考えて、食材選びと食材の調達を進めましょう。

もし、お店が商店街にある場合は、開業する前に近くの八百屋、米屋、酒屋などを回って相談する方法もあります。金額があなたの思っていたよりも多少高くても、長い目でみればメリットもあります。調達のしやすさと商店街から入る地元の情報には価値があるからです。

「寿司ダイニングすすむ」では、自分の勉強も含めて、魚類は寿司屋を営む父から紹介してもらった築地場内の仲買商店で仕入れをすることからスタートしました。数年がたち寿司屋の運営にも慣れ、築地場内の仲卸しのそれぞれの得意な分野がわかりはじめたころから、いつも利用している仲買商店以外に、ほかの仲買商店と値段の比較もするようになりました。

貝類がほしいときは、貝類に力を入れている仲買商店、光りものがほしいときには、そうした魚の仕入れが得意である仲買商店に交渉をし、取引先を少しずつ増やしていきました。

ちなみにお米や野菜などは、「寿司ダイニングすすむ」の近くにある個人商店からオープン当初から仕入れています。大手スーパーも近くにありますが、急に食材が必要になったときなども融通を利かせてくれるので、重宝しています。

酒屋は以前からつきあいがあり、近所の飲食店にも酒類を卸しているので、同業の飲食店で売れているお酒の情報（銘柄や人気アイテム）なども提供してくれ、貴重な情報源となっています。同時に、小物や備品、珍しい酒類などの調達はamazonなどのネットショッピングも併用しています。

日ごろの材料調達も含めて、地域に溶け込もうとする意識はとても重要です。ちいさな飲食店のオーナーとして、あなたの人となりを知ってもらうきっかけにもしてはどうでしょうか。

▼メニューをつくる

メニュー売価を考える際に必要なのが「原価率」です。一般的な飲食店の原価率は平均30％と言われていますが、すべてを30％にするのではなく、あくまで平均です。たとえば、１０００円のメニュー売価に対して仕入れ原価が３００円ならば原価率30％。計算式は、

仕入れ額÷売上高（メニュー売価）×１００＝原価率

です。自店のフードメニュー原価を30％と設定しているとき、売価に対してどれだけ原価を掛けられるか逆算するときには、

原価率（30％）×売価

で算出できます。たとえば、７００円のメニューの場合は０・３（30％）×７００円＝

２１０円、１５００円のメニューならば０・３×１５００円＝４５０円となります。フードメニューとドリンクメニューでは、設定する原価率も異なります。

一般的に１０００円のラーメン原価は平均30％、コーヒー原価は10％、生ビール40％、刺身は50％などと、低い原価率のものもあれば高いものもあります。

人気商品には50％くらいの原価と手間をかけて集客しながら、原価10％くらいの安い焼酎（ウーロンハイやレモンサワーなど）などで利益を稼ぐなど、すべてのメニューを原価率30％に設定するのではなく、バランスよく原価を調整して、しっかりとした収益スタイルを構築しましょう。

飲食店にとってメニューづくりはとても重要な作業ですが、最初から完璧を目指すのではなく、開店してから徐々にやりやすい形や調理法、原価との兼ね合いなどを体感していくなかで調整、または修正していくことも可能です。開店後も継続的に同業他店の視察を怠らず、メニュー内容をブラッシュアップしていきましょう。

おわりに　「ちいさな飲食店」経営を生業《なりわい》にするということ

カウンターで調理、接客を行う飲食店は、毎日がお客さんとの真剣勝負です。お客さんが楽しそうに会話を楽しんでいる、お客さんから酒や刺身がおいしいと評価してもらえる、どれをとっても、とてもうれしいことです。

「今日は、あの常連さんが来るから、旬の魚を多めに仕入れておこう」「そう言えば、あちらのお客さんは、この前、フルーティな焼酎が飲みたいって話していたな」というように、あなたのちょっとした気づかいやサービスで、来店された方たちを喜ばせることができるのも飲食店の醍醐味です。

3年におよぶコロナ禍を経て、確信したことがあります。これからの飲食店は最初から大きくお店を構えるのではなく、**ちいさくても店主の個性が感じられるお店を目指すことです。なぜなら、あなたの個性が一番の商品だからです。**足しげく通うお客さんが求めるものは、心地よい店内空間やおいしい料理だけでなく、あなたのいるお店です。寿司屋だけでなく、カフェ、洋食店、居酒屋を開くときも同じだと考えています。人は人に惹かれ、そこにわざわざ足を運ぶのです。私自身がまさにそうなので、間違いありません。
工夫を凝らしたオンリーワンなお店づくり、ほかでは味わえない料理や魅力がある、あなたにしかできない飲食店経営をこれから目指してお店をオープンしてほしいと願います。

では、そのためには何をするか。本書で何度も触れてきたように、オープン前から「店主」への頭の切り替え、立地選び、金融機関とのつきあい方、開業に向けた書類などの準備をしっかりとすることです。開店前の準備で、成功の可否が9割決まると私は考えています。本書には、それが書かれています。

私は昭和52年に寿司屋を創業した父の背中を見て育ち、気がつけば自らも寿司の世界に入って22年を迎えました。独立するまでに父と仕事をした約5年間で、多くの技術や接客に関する常識などを学びました。利益を大きく左右する、他店では習得しづらいマグロの扱い方も父直伝です。都内の寿司店だけではなく、ロサンゼルスやマレーシアでも世界の寿司に触れてきました。振り返ると一番勉強になったのは、実家のお店での日々でした。
家族で仕事をするという環境でも、馴れ合わずに自分に厳しい背中を見せてくれた父のおかげです。

こんな経験を経て、私なりにこんなお店をつくりたい、というイメージが明確にできはじめたときに、父の寿司屋から3駅離れた、同じ葛飾区内で12坪のカウンター中心のちいさな寿司屋を創業しました。

お店の運営をスムーズにするために、さまざまな事前準備をしたうえで臨んだわけですが、現実は理論通りにものごとが進まないことも多くありました。しかし、理論と現実のギャップに気づき、お店のオープンに向けてその隙間を埋めていくこと自体は、あるときから私にとっては楽しみにもなりました。まるで、ジグソーパズルのピースを1つひとつはめていくような、そんなパズルを完成させていくプロセスが楽しくもあったのです。

パズルを埋めていくうちに、この10年間を振り返りながら私自身が飲食店の店主になるために取り組んできた考え方やノウハウが、同じようにちいさな飲食店を開く夢を描く人たちのために、お役に立てるのではないか？　と考えるようになりました。そんな思いから、自分の経験を一冊の本にまとめてみようと、執筆をはじめ、完成したのが本書です。

約3年半という時間を要した執筆作業でしたが、ようやく完成のときを迎えました。

考えてみれば、文章を書くことに関しては素人の私が7万字近い長い文章を書き終えたわけですが、「自分が何にこだわり、何を大切にこの仕事を続けているのか」「葛飾区高砂という地にお店を構える寿司屋として、地域のなかでどのような役割を果たしていくのか」を自身が棚卸しするいい機会にもなりました。

小川孔輔《こうすけ》さん（法政大学名誉教授）のご縁で、葛飾区のちいさな出版社「下町書房」と出会いました。多いときには、毎週におよぶ早朝ミーティンがありました。「なぜ、お寿司屋さんなのですか」「なぜ、ちいさなお店にこだわるのですか」「本当に経験がなくても、飲食店の店主になれるのですか」など、数々のシンプルな質問をされるなかで私自身が気づくことも多く、真摯に自分が行なってきた「寿司屋という商売」を見つめ直すことができました。

そして、飲食店を生業とすることへの思いや経験を積み重ねてきた寿司屋という仕事に改めて誇りを持てたのと同時に、寿司屋づくりのノウハウをベースに、ちいさな飲食店のつくり方について、自信を持って紹介できる本として仕上げていくこともできました。

本書には、「金融機関とのつきあい方」「ちいさなお店の税務の考え方」「事業計画書の書き方」などもくわしく書かれています。今回、私が経験したことだけでなく、できるだけ正確な「融資」や「税務」に関する考え方を読者の皆様に伝えたいという思いに共感していただき、青和《せいわ》信用組合の営業担当の山下直紀さんや職員の方々にも、親身になっていただき、金融機関との上手なつきあい方についてたくさんのアドバイスをいただきました。また、税に関しては、顧問税理士事務所のスタッフの皆様から、個人事業主としてはじめるときの税金に関する考え方や手続きの方法など、税に関する正しい知識を伝授いただきました。

休みの日や仕事が終わったあとに、パソコンに向きあい執筆を続ける、私を温かく応援してくれた妻の佳代《かよ》、娘の桂都《けいと》にも感謝しています。

最後に、日ごろからお世話になっている高砂南町商友会の店主の皆様・スタッフの皆様、地元企業やご近所の常連客の皆様、取引業者の皆様、「寿司ダイニングすすむ」スタッフのみんな、友人や仲間たち、私を育ててくれた両親、いつも陰ながら応援してくれている兄、亡き母、そして本書を読んでいただいた皆様にも深く感謝いたします。

この本との出会いが、楽しく飲食店経営へ踏み出すための一助となれば、著者としてこれ以上の喜びはありません。

著者

私がお店を運営するうえで大切にしている考え方があります。いままで大事にしてきた
10の経営心得として公開することにしました。ぜひ、目を通してください。

★「寿司ダイニングすすむ」10の経営心得★

心得1　支出にメリハリをつける

売り上げに直結しないムダな支出を最大限削減する。一方、サービス向上や店内環境改善に必要な支出はケチらない。新メニュー研究開発のための試作、食材購入には継続投資していく。

心得2　ムリ、ムラ、ムダをなくす

資金的、体力的、人員的によるムリな運営は継続困難なため、極力なくす。ムラのある調理や仕入れ、計画は避けて、安定思考を目指す。ムダな水道光熱費はもとより、人件費や食材費にも常にアンテナを立てて、ムダを排除して効率的な経営を目指す。

心得3　公私混同しない

個人事業主であるがゆえに、お店と個人の財布の分離は正直、

お店のまわりの掃除は日課

困難であるが、お店専用の内部留保はしっかりと確保する。長くおつきあいするためには、お客さんとは店内だけのつきあいにとどめ、プライベートでは飲食などをしない。

心得４　ウソをつかない

商売人として人として、ウソはつかない。ウソをつくと辻褄が合わなくなり、結局は自分の首を絞めることにつながる。自分のミスは潔く認めて気持ちよく謝る。

心得５　目先の利益を追わない

目先の利益に目を奪われると、長い目で見たときに結局は損する。その場所で商売を長く続けていくためには、利益よりも信用が大切であり、信用が利益を生む。

心得６　何ごとにも正しく向き合う

自分にウソをつかずに正直に向き合う気持ちを忘れない。目の

「寿司ダイニングすすむ」のオリジナルTシャツを販売

前の自分の仕事に夢中になる。楽しめる仕事を常につくり出す。本業にだけ一所懸命になれれば失敗はしない。

心得7　合理的に物ごとをとらえる

何ごとも全体を俯瞰して総合的に判断する。慣習にとらわれずに、いかに合理的に取り組めるのかを常に模索していく。

心得8　感謝の気持ちを忘れない

ここに自分がいるのも周りの人の支えがあってこそ。心のオゴリが足元をすくう。謙虚な気持ちを持ち、「ありがとう」を口グセにする。

心得9　スタッフを大事にする

お客さんと同様にスタッフを大事にする。商売がうまくいくのもスタッフがいてこそ。

心得10　毎日ベストを目指す

今日できることは明日に持ち越さず、全力で取り組む。

著者プロフィール

金井 進一（かない しんいち）

『寿司ダイニングすすむ』店主。
1979年東京都葛飾区生まれ。都内の高校を卒業後、カリフォルニア州ベンチュラ・カレッジに留学。22歳から寿司業界に入り都内大手寿司店『すしざんまい』にてゼロから修行をはじめる。その後、ロサンゼルス人気寿司店、マレーシア最大手回転寿司・ラーメンチェーン店『SUSHI KING』を経て国内外の飲食店経営の勉強をし、2013年34歳のときに生まれ故郷である葛飾区高砂で寿司屋『寿司ダイニングすすむ』を起業。店舗席数は最大20席とちいさい店舗にもかかわらず、創業10年でのベ１万人の顧客に寿司を提供するなど、一躍地元の人気店に。また、丁寧なサービス、店舗設計をもとに顧客のリピート率は90％を超える。お店のコンセプトは「家族で安心して食事ができる町のお寿司屋さん」。両親と兄も葛飾区でそれぞれ寿司店、『魚がし寿司』（堀切）と『鮨 貴和鈴』（西亀有）を営む。また、地域消防団に参加するなど地元の活動にも積極的に参加している。2023年、葛飾区本田消防署長より年間1人にしか与えられない入団促進功労賞を受賞。

創業3年でリピート率90％超えの人気店が教える

ちいさな飲食店のはじめ方

2023年10月25日　第１刷発行

著　　者　金井 進一
発 行 者　石田尾 直子
発 行 所　下町書房
125-0042　東京都葛飾区金町4-23-4
電話　03-5699-9381
https://www.shitamachisyobo.com
印刷・製本　シナノパブリッシングプレス
装丁　tobufune 小口 翔平＋嵩 あかり
本文デザイン　朝日メディアインターナショナル
カバー＆本文写真　新谷 明史
校閲　梶原 雄

ISBN978-4-910301-02-0